ヤミーさんの おうちで世界一周レシピ

主婦の友社

はじめに

世界の料理をおうちで手軽に楽しんでみませんか？

「世界の料理」と聞くと、調味料や食材をあれこれと買いそろえなければならないイメージがあると思います。
でも、**実はほとんどの国の基本材料は同じようなものばかり。**
基本の調味料といえば、塩、砂糖、酢、油。
材料も、玉ねぎ、にんじん、じゃがいも、卵は基本ですし、肉も鶏、豚、牛が主。
みなさんがふだん使っているものばかりではないでしょうか？

調理方法も、家庭ではそんなにバリエーションがあるわけではありません。
たとえば、
　　日本の裏側、ブラジルの「フェジョアーダ」(p.18)
　　ロシアの「ボルシチ」(p.12)
　　最近話題になったジョージアの「シュクメルリ」(p.22)
これらはすべて"いためて(焼いて)から水分を加えて煮る"という工程です。
つまり、日本のカレーや肉じゃがと変わりません。

**材料の組み合わせ方、調味のバランスに加え、
スパイスやハーブをちょっとプラスすれば、
同じ材料でもさまざまな国の料理が作れるのです。**
もちろん、その国の特徴ある調味料や調理道具などはありますが、
日本にあるものでほとんど代用できますし、
最近では輸入食材店が身近になり、スーパーでも
海外の調味料や食材が手に入るようになってきましたよね。

そして、**実は世界の料理は簡単。**
これまで料理は"こうでなければならない"と思っていたとしたら、
海外の料理を知ることで"これでいいんだ"に変わるかもしれません。
だって、海外では包丁やまないたを使わずに調理することもあるのですから！

そんなことを、しっかりと伝えたくて、世界の料理を月がわりで教える料理教室を始めたのが2017年。
雑誌やテレビでは語りきれない、**料理を"楽にする"そして"楽しくする"コツ、
実際に現地で体験したことやその料理の文化的背景**など、盛りだくさんでレッスンしています。
いまでは、家のカレーの定番が「バターチキンカレー」(p.14)になったり、
忙しい日は「魯肉飯」(p.16)にしよう、とか、
パンを買い忘れても慌てずパパッとおうちで焼けるようになったり。

気合いを入れなくては作れないと
思っていた料理が
実は簡単で、いまではウチの定番になっている、
という声を生徒さんたちからよく聞きます。
そんなレシピを厳選して、この本にしました。

2006年は料理の仕事に進むきっかけになった
ブログを始めた年ですが、
このころはまだパクチーがあまり知られていなく、
手軽に買えるものではありませんでした。
かわりにセロリを使ってタイやベトナムの料理を
作っていたほどです。
それがこの10年ちょっとで様変わり。
ブームにまでなるなんて！

日本人の味への好奇心と味覚の幅が、どんどん広がっているのを感じます。
新しいおいしいものに出会ったときのワクワク感は、たまりませんよね。
私がこうして仕事になるまで料理をつづけてこられたのは、
まだまだ世界には知らないおいしいものがあって、魅力的な味との出会いがあるから。

この本のレシピには、**旅して出会った感動の味**や、
現地の人々に教わった魅力的な料理が、数多くあります。
もちろん、**日本で作りやすいようにアレンジしていますが**、
その料理のもつイメージや味わい、そして**感動**は、そのままにしています。

気になっていた話題の料理を作ってみたり、人が集まる日のおもてなしや、
たいせつな記念日に作ってみたり。
毎日の食事作りにちょっと疲れてしまった日も、この本を開いて、
ワクワクしながら料理をしてもらえたらうれしいです。

いつもの材料で、いつもとはちょっと違う料理を。
世界の新しい味に出会うワクワクを、
毎日の食卓でぜひ体験してみてください。

ヤミー

ヤミーさんの「おうちで世界

いつもの材料と調理道具で、世界の新しい味に出会うワクワクを楽しめるレシピです。

ヤミーさんが世界各地に料理ホームステイして教わったり、世界中の料理仲間から学んだり。
そんな本場の家庭料理を、おうちでも手軽に楽しめるようアレンジしたレシピです。
料理教室"Yummy's Cooking Studio"のレッスンで人気の料理を集めました。
"おうちで世界旅行"気分を楽しんでください！

POINT 1
世界の料理を3ステップで

この本で紹介するレシピは、どれもたったの3ステップ（中には2ステップのものも！）。むずかしそうに思える"世界の料理"も、実は身近な日本の料理と調理法はそう変わりません。ヤミーさんの"料理をラクにするコツ"も満載！ 楽しく世界の料理を作りながら、料理の腕もあがります。

POINT 2
使う材料はスーパーや輸入食材店で買えるもの

この本のレシピは、スーパーか輸入食材店で買えるもので作れるように工夫してあります。いつもの食材なのに、調味料やスパイスの組み合わせで、世界のいろいろな国の味わいになるから不思議！

海外の調味料やスパイスは、主にKALDIや成城石井、コストコなどで購入。

ヤミーさんのキッチンの棚には、調理道具とともに、世界の味作りに欠かせないスパイスがズラリ。

一周レシピ」とは？

Yummy's Cooking Studio
（ヤミーズ クッキング スタジオ）

料理研究家・ヤミーさんの会員制プライベート料理教室。世界の家庭料理を簡単３ステップで習うことができます。その国の文化や歴史まで学べるレッスンが大人気！　実践的でわかりやすく、すぐに作ってみたくなる料理ばかりと好評です。
https://www.manabi-abc.com/p/15/

POINT 3
いつも使っている調理道具で作る

特別な調理道具は必要なし！　使うのは一般的なフライパンやなべ、ボウルなど。オーブントースターや電子レンジも活用しながら、おうちで世界の料理を簡単に、失敗なく作れます。

モロッコの「鶏肉と野菜のタジン風蒸し煮」（p.41）は"タジンなべ"がなくても、浅めのなべやフライパンでOK。

スペインの「鶏肉とあさりのパエリア」（p.44）も専用のなべは使わなくても、少し深めのフライパンでだいじょうぶです。

POINT 4
料理は文化。料理の背景を学ぶともっと楽しい！

レシピだけでなく、その国に根づいている食の習慣を紹介しています。たとえば和食は高さを出して盛りますが、中東の国々では平たく盛るなど、それぞれの国の食文化に合わせて盛りつけることで、その国らしい雰囲気がグンとアップします。

トルコのフムス（p.73）のように、中東の国々では、高さを出さずに皿に平たく盛ることが多い。

煮込み料理のフェジョアーダ（p.18）にオレンジのつけ合わせは、ブラジルでは定番。

ペルーやブラジルではメイン料理をライスと一皿に盛り合わせることが多い。ペルーのロモ・サルタード（p.36）には、型抜きしたライスを添えて。

メキシコでは、こんなにかわいいトルティーヤ入れも使われています。

おうちにいながら世界旅行！

世界一周WORLD

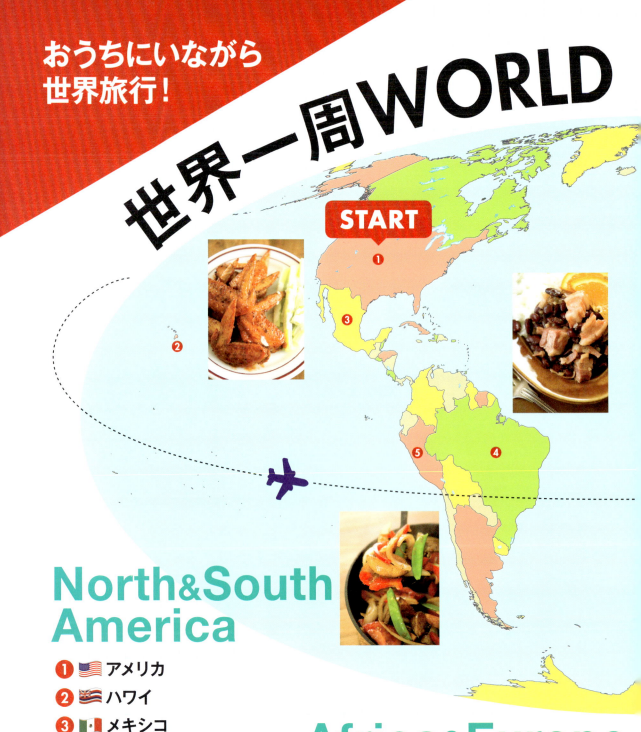

North&South America

① 🇺🇸 アメリカ
② 🏴 ハワイ
③ 🇲🇽 メキシコ
④ 🇧🇷 ブラジル
⑤ 🇵🇪 ペルー

Africa&Europe

⑥ 🇲🇦 モロッコ
⑦ 🇵🇹 ポルトガル
⑧ 🇪🇸 スペイン
⑨ 🇫🇷 フランス
⑩ 🇬🇧 イギリス

TOURへ出発！

Middle East &Asia

- ⑪ 🇧🇪 ベルギー
- ⑫ 🇸🇪 スウェーデン
- ⑬ 🇩🇪 ドイツ
- ⑭ 🇮🇹 イタリア
- ⑮ 🇬🇪 ジョージア
- ⑯ 🇷🇺 ロシア
- ⑰ 🇹🇷 トルコ
- ⑱ 🇨🇳 中国
- ⑲ 🇹🇼 台湾
- ⑳ 🇮🇳 インド
- ㉑ 🇹🇭 タイ
- ㉒ 🇻🇳 ベトナム
- ㉓ 🇰🇷 韓国

CONTENTS

はじめに ……………………………………… 2

ヤミーさんの
「おうちで世界一周レシピ」とは？ ……… 4

PART 1
料理教室の大人気レシピ BEST 5

ボルシチ〈ロシア〉 ……………………………… 12
バターチキンカレー〈インド〉 ………………… 14
魯肉飯〈台湾〉 ………………………………… 16
ルーローハン
フェジョアーダ〈ブラジル〉 …………………… 18
ローマ風カチャトーラ〈イタリア〉 …………… 20

PART 2
おいしい世界一周レシピ

🇺🇸 **アメリカ**
バッファロー風スパイシーチキン ……… 28
デビルドエッグ ……………………………… 30
マカロニチーズ ……………………………… 30

🇲🇽 **メキシコ**
フラワートルティーヤ ……………………… 32
サルサ・メヒカーナ ………………………… 34
ワカモーレ …………………………………… 34
ピカディージョ ……………………………… 35

🇵🇪 **ペルー**
ロモ・サルタード …………………………… 36
パパ・ア・ラ・ワンカイーナ ……………… 38
セビーチェ・デ・カラマール ……………… 39

🇲🇦 **モロッコ**
モロカンサラダ ……………………………… 40
鶏肉と野菜のタジン風蒸し煮 …………… 41

🇵🇹 **ポルトガル**
たらのカルディラーダ ……………………… 42

🇪🇸 **スペイン**
鶏肉とあさりのパエリア …………………… 44
ガスパチョ …………………………………… 46
豚肉のソテー パプリカソース …………… 47
3種のきのこのアヒージョ ………………… 48
ズッキーニとじゃがいもの
　　　トルティージャ ……………………… 49

🇫🇷 **フランス**
鶏と栗のロースト …………………………… 50
タブレ ………………………………………… 52
たことじゃがいものエスカルゴ風 ……… 52

🇬🇧 **イギリス**
フライパン焼き ロールローストチキン … 54
クリーミーマッシュポテト ………………… 56
さくさくミートパイ ………………………… 57

スウェーデン
ヤンソンの誘惑 ……………… 58

ドイツ
キャベツのザワークラウト風 ……… 60
シュニッツェル ……………… 60

イタリア
パスタ・アル・フォルノ ……… 62
香味野菜とチーズのリゾット ……… 64
豚肉のピッツァイオーラ ……… 65
なすのスカペーチェ ………… 66
ポテトニョッキ ……………… 67

トルコ
イズミル・キョフテ ………… 70
ブルグル・ピラウ …………… 72
フムス ………………………… 73

ロシア
キャベツときのこのクレビャーカ … 74
牛肉の煮込み ………………… 76
サラート・オリヴィエ ……… 77

中国
汁なし担担麺 ………………… 78

インド
チキンティッカ ……………… 80
チャナマサラ ………………… 82
ミックス野菜のトーレン …… 84
とうがんのサンバル ………… 85

タイ
ガイ・パット・ガパオ ……… 86
にんじんのソムタム ………… 88
ガイヤーン風チキンソテー … 88
ヤム・ウンセン ……………… 90
カオマンガイ ………………… 91

ベトナム
バイン・コット ……………… 92

韓国
カクテキ ……………………… 94
ユッケジャンクッパ ………… 94

Pickup!
話題のあの料理を作ってみよう！
シュクメルリ〈ジョージア〉 ……… 22
ガーリックシュリンプ〈ハワイ〉 …… 23
バスク風チーズケーキ〈スペイン〉 … 24
トーファ〈台湾〉 …………………… 25

ちょっと休憩
"おうちバル"気分でフィンガーフード
〈オープンサンド〉 …………………… 68
　パン・コン・トマテ／
　カマンベール＆アンチョビー／
　ゆで卵＆オイルサーディン
〈ピンチョス〉 ………………………… 69
　アーティチョーク＆生ハム／
　モッツァレラ＆ミニトマト／
　オリーブ＆ピクルス＆アンチョビー

Pickup!
おうちで世界のお菓子＆パン
〈お菓子〉
　ロスコス・デ・ナランハ〈スペイン〉 … 96
　オストカーカ〈スウェーデン〉 ……… 97
　チョコレートダコワーズ〈フランス〉 … 98
　チーズジェラート〈イタリア〉 ……… 98
　ベルギーワッフル〈ベルギー〉 ……… 99
〈パン〉
　ビアリー〈アメリカ〉 ………………… 100
　ピタパン〈トルコ〉 …………………… 101
　コカ〈スペイン〉 ……………………… 102
　ポンデケージョ〈ブラジル〉 ………… 102
　グリッシーニ〈イタリア〉 …………… 103

Column
ヤミーさんのスキルアップLesson ……… 104
世界の食材＆スパイスCatalog ………… 108

この本の使い方
- 1カップは200ml、大さじ1は15ml、小さじ1は5mlです。ただし、米は炊飯器用計量カップ（1カップ＝1合の重量は150g、容量は180ml）を使用します。
- 卵はMサイズ、バターは加塩を使用しています。砂糖は指定がない限り、上白糖を使用しています。
- 野菜類は特に指定のない場合、洗う、皮をむくなどの作業をすませてからの手順を説明しています。
- 電子レンジの加熱時間は600Wの場合の目安です（500Wの場合は時間を1.2倍にしてください）。オーブントースターは1000Wのものを使用しています。いずれも機種によって加熱時間が異なることがあるので、様子を見ながらかげんしてください。
- 調理時間は、下ごしらえから完成までにかかる時間の目安です。ただし、つけ込む、冷ますなどの時間は含まれない場合があります。

PART 1 料理教室の

Feijoada
フェジョアーダ
ブラジル
p.18

ローマ風
カチャトーラ
イタリア
p.20

Cacciatore

ボルシチ

from ロシア

ビーツの真っ赤なスープに、白いサワークリームをのせて。
コントラストが映えるロシアのスープです

調理時間 **20分**

■ 材料（4人分）

牛切り落とし肉	150g
豚バラ薄切り肉	100g
キャベツ	½個
ビーツ（酢漬け）	1びん（固形量280g）
トマト缶（カットタイプ）	1缶（400g）
A　パセリの茎	2枝分
ローリエ	1枚
水	2カップ
B　玉ねぎ	1個
にんにく	1かけ
C　パセリの葉のみじん切り	2枝分
酢	大さじ½
塩	小さじ1
砂糖	小さじ½
あらびき黒こしょう	小さじ¼
サラダ油	大さじ1
バター	20g
サワークリーム	適量

■ 準備

・牛肉、豚肉は一口大に切る。
・キャベツはざく切りにする。
・Bは薄切りにする。
・ビーツは汁けをきり、細切りにする。

■ 作り方

1 具を煮る

なべにサラダ油を入れて火にかけ、**牛肉**、**豚肉**を入れて色が変わるまでいため、**A**を加える。煮立ったらキャベツを加えて**ふたをし**、10分ほど煮る。

→ 肉は2種類使うと味わいアップ！

→ 具は短時間で火が通るように、少なめの水分で煮る

2 ソースを作る

フライパンにバターをとかし、**B**を入れてしんなりするまでいためる。ビーツ、トマトを加えて**水分をとばしながら**いため、**C**を加えてまぜる。

→ 水分がとぶまでいためるとうまみが増す

3 具とソースを合わせて煮る

1のなべに2、水2カップを加え、煮立ってから味がなじむまで5～6分煮る。器に盛ってサワークリームをのせる。

→ 具とソースを別々に作って最後に合わせて煮ることで、何時間も煮込んだような深い味わいに！

材料MEMO

ビーツ（酢漬け）

ビーツは"食べる輸血"といわれるほど栄養豊富な野菜。今回は、スライスしたビーツを酢に漬けてびん詰めにしたものを使いましたが、缶詰の水煮タイプでもOK。そのまま食べられるのでサラダにも便利です。

PART1 料理教室の大人気レシピBEST5

Yummy!

ビーツを使うのがボルシチの特徴。最近は生のものも買えますが、下ごしらえずみの**缶詰やびん詰め**で手軽に作れます。短い煮込み時間でうまみを引き出せるレシピなので「手がかかっていそうに見えて、**実は簡単！**」と生徒さんに大好評の一品です

Borscht

バターチキンカレー

from インド

日本で大人気のインドカレー！
マイルドな辛みにハマる、北インドの定番チキンカレーです

調理時間 **20分**

■ 材料（4人分）

鶏胸肉	1枚
プレーンヨーグルト	大さじ2
A 玉ねぎ	1/2個
しょうが	1かけ
にんにく	1かけ
トマト缶（カットタイプ）	1/2缶（200g）
B カレー粉	大さじ1
砂糖	小さじ1
塩	小さじ1/2
C 生クリーム	1/2カップ
水	1/2カップ
バター	40g
冷凍フラワートルティーヤ	適量

■ 準備

- **鶏肉**は皮を除き、小さめの一口大に切り、**ヨーグルト**をもみ込む。
- **玉ねぎ**、**しょうが**は約2cm角に切る。
- **にんにく**は縦半分に切って芯を除く。

■ 作り方

1 カレーソースのベースを作る

Aはミキサーに入れて**なめらかなペースト状**になるまで攪拌する。

ミキサーがないときは、すりおろしてもOK

2 カレーソースを作る

フライパンにバターをとかし、**1**を入れて**水分がとぶまでじっくりと5分ほどいため**、**B**を加えてまぜ合わせる。

一文字が書けるまで水分をとばすこと。これがうまみのもと！

3 煮込む

鶏肉を汁ごと加え、ソースをからめながら火を通す。鶏肉の色が白っぽくなったら**C**を加え、**表面に油が浮いてくるまで**10分ほど煮る。器に盛り、解凍してさっと焼いたトルティーヤを添える。

はねるようならふたをし、少し長めに煮込む

材料MEMO

冷凍フラワートルティーヤ

本来はメキシコのタコスやブリトーに使う薄パンですが、私はインドのチャパティがわりに使っています。軽く解凍してフライパンでさっと焼くだけで使え、ソフトタイプなので、カレーとの相性もバッチリです。

PART1 料理教室の大人気レシピBEST5

Yummy!

料理教室でダントツ人気！ 生徒さんに「このレシピを教えてもらって以来、**ウチのカレーはいつもコレ**です」といわれてうれしかった！ こんなに簡単ですぐできるのに、本格的。**カレー粉**のメーカーが違うと味も変わるので、おもしろいですよ

Butter kencurry

魯肉飯
ルーローハン

ごはんの上には甘辛く煮込んだ豚肉。
五香粉の香りがクセになる台湾の名物屋台料理です

from 台湾

調理時間 30分

■材料(4人分)

豚バラかたまり肉	400g
小松菜	1/2束
塩	適量
酒	大さじ2
A 砂糖	小さじ2
しょうゆ	大さじ2
B フライドオニオン	大さじ4
オイスターソース	大さじ1
五香粉	小さじ1/2
水	1カップ
あたたかいごはん	4人分

■準備

- **豚肉**は約1cm角のさいの目に切る。
- **小松菜**は塩(湯の量の0.5%)を加えた熱湯でゆで、水にとって冷まし、水けをしぼって4cm長さに切る。

■作り方

1 豚肉の下ごしらえ
豚肉はフライパンに入れて**酒を回しかけ**、水をひたひたに注いで火にかける。10分ほどゆで、ざるに上げて湯をきる。

→ 下ゆでしておくと、肉のくさみや余分な脂がとれて、味もしみやすくなる

2 砂糖としょうゆを煮詰める
フライパンをふき、**A**を入れて火にかけ、**少し焦げるくらいまで煮詰める**。

カラメル状に焦がすことで、短時間で深いコクが出る

3 煮る
豚肉、**B**を加え、ふたをして**弱火で10分ほど煮る**。器に盛ったごはんにのせ、小松菜を添える。

材料MEMO

五香粉(ウーシャンフェン)
エキゾチックな香りの中華の代表的なミックススパイス。これを入れることで手軽に台湾の味が出せます。本来は八角を加えますが、シナモンやオールスパイスでも代用できます。

PART1 料理教室の大人気レシピBEST5

Yummy!

本来は長時間煮込む料理ですが、時短レシピにアレンジ。味の決め手は**五香粉**。料理教室ではこの香りにハマる生徒さん続出！ひき肉でも作れますが、**かたまり肉**を使うことでボリュームとおいしさUP

Lurou fan

17

フェジョアーダ

ブラジルの国民食。豆と豚肉や牛肉で作る煮込み料理です。味つけは塩だけとは思えない、深い味わいが人気！

調理時間 30分

 from ブラジル

■材料(4人分)

- 豚バラかたまり肉 …………… 150g
- A
  - 玉ねぎ ………………………… 1/2個
  - にんにく ……………………… 2かけ
  - ベーコン ……………………… 40g
- B
  - 赤いんげん豆(水煮) … 1缶(400g)
  - ローリエ ……………………… 1枚
  - 水 ……………………………… 1カップ
- 塩 ………………………………… 適量
- こしょう ………………………… 適量
- サラダ油 ………………………… 大さじ1
- あたたかいごはん ……………… 4人分
- オレンジの半月切り …………… 8切れ

■準備

- 豚肉は2cm角に切って**塩小さじ1/4**をもみ込む。
- **玉ねぎ、にんにく**はあらみじんに切る。
- ベーコンは5mm幅に切る。
- 赤いんげん豆は、缶汁をきる。

■作り方

1 いためる
なべにサラダ油を熱し、**A**をいためる。玉ねぎがしんなりしたら、豚肉を加えて**よくいためる**。
→ 豚肉から脂が出るまでしっかりいためて

2 煮る
Bを加えてふたをし、煮立ったら火を弱め、たまにまぜながら肉がやわらかくなって**とろみがつくまで**10分ほど煮る。

3 仕上げる
味をみて塩、こしょうで味をととのえる。ごはんとともに器に盛り、オレンジを添える。

材料MEMO

赤いんげん豆(水煮)
料理名にも入っている「フェジョン」はポルトガル語で豆のこと。本来は黒いんげん豆(写真右)を使いますが、手に入りにくいので今回は赤いんげん豆(写真左)を使いました。乾燥豆を使うとよりおいしいですが、缶詰でもじゅうぶん。

PART1 料理教室の大人気レシピBEST5

Yummy!

本来、フェジョアーダはいろんな部位の肉と豆を**コトコト煮込む**料理ですが、**短時間**で作りやすいレシピにアレンジしました。ごはんとの相性のよさとおいしさにビックリします。つけ合わせはブラジルで定番の**オレンジ**

Feijoada

ローマ風カチャトーラ

from イタリア

ビネガーの酸味とハーブの香りをきかせた
ローマ風の鶏肉の狩人風煮込みです

調理時間 **30分**

■材料(4人分)

鶏もも肉	2枚
塩	小さじ¼
薄力粉	適量
じゃがいも	小4個
まいたけ	1パック
玉ねぎ	½個
にんにく	1かけ
A ローズマリー	1枝
A 塩	小さじ¼
A あらびき黒こしょう	少々
白ワイン	½カップ
B 白ワインビネガー	大さじ2
B 水	½カップ
オリーブ油	大さじ2

■準備

- 鶏肉は厚さが均一になるように開き、4等分に切って**塩**をもみ込む。
- じゃがいもは皮つきのまま一口大に切る。
- **まいたけ**は食べやすくほぐす。
- **玉ねぎ**は1cm厚さのくし形切りにする。
- にんにくは包丁の腹でつぶして芯を除く。

■作り方

1 鶏肉を焼く

鶏肉に薄力粉を薄くまぶす。なべにオリーブ油を入れ、**冷たいうちに鶏肉を入れて全体に油をからめる**。皮を下にして並べ、火にかけて焼き色がついたら上下を返す。

火にかける前に、鶏肉に油をからめておくと焼きムラを防ぎ、皮がなべにくっつきにくくなる

2 野菜を加えていためる

じゃがいも、にんにくを加えてしっかりいため合わせる。まいたけ、玉ねぎ、Aを加え、**全体に油が行き渡るまで**いためる。

3 蒸し煮にする

ワインを加え、煮立ったらBを加えてふたをし、**弱めの中火で10分ほど蒸し煮にする**。

ふたをするのは、煮立てワインのアルコール分をとばしてから!

Cacciatore

PART1 料理教室の大人気レシピBEST5

Yummy!

カチャトーラはトマト煮でよく知られていますが、今回はトマトを使わない**ローマ風**です。**白ワインビネガー**と**ローズマリー**の風味でソテーしてから蒸し煮にします。しみじみとしたおいしさで、定番メニューに加わったという生徒さんも多いです

話題のあの料理を作って

某牛丼チェーン店がメニューに加えたところ、SNSで話題沸騰！ 鶏肉をたっぷりの**にんにく**ソースで煮込む、**ジョージア・シュクメルリ村**に伝わる土なべ料理です

ジョージアの
シュクメルリ

 調理時間 **30分**

■材料（2人分）
- 鶏もも肉 …………… 1枚
- 塩 ………………… 小さじ1/4
- 薄力粉 ……………… 適量
- にんにく …………… 8かけ
- 牛乳 ………………… 1カップ
- サラダ油 …………… 大さじ1
- バター ……………… 30g

■準備
- 鶏肉は6等分に切り、**塩**をまぶして**薄力粉**を薄くまぶす。
- にんにくはすりおろす。またはフードプロセッサーにかける。

■作り方

1 鶏肉を焼く

フライパンにサラダ油を入れて火にかけ、すぐに鶏肉を**皮を下にして**並べ、**キッチンペーパーをかぶせて**、フライ返しなどで**ギュッと押さえながら**、こんがりするまで8分ほど焼く。上下を返してさらに5分ほど焼き、とり出す。

2 煮る

フライパンをふき、バター、にんにくを入れて火にかける。香りが立ってきたら、牛乳を加えて**軽く煮立てる**。1を戻し入れて、とろみがつくまで煮る。

Pickup! 話題のあの料理を作ってみよう!

みよう!

テレビやSNSで話題を呼んでいる、ちょっと気になる世界の料理＆デザートに注目!
ヤミーさんがおうちで手軽に作れるレシピを紹介してくれました。
どれも身近な材料で、むずかしいテクニックなしで作れます。

■ 材料（2人分）

- えび（殻つき）……………12尾
- 塩、かたくり粉…………各少々
- A
  - にんにくのみじん切り………大さじ2
  - レモン汁………大さじ2
  - オリーブ油………大さじ1
  - 塩………小さじ1/4
- バター………20g
- しょうゆ………小さじ1/2
- こしょう………少々
- B
  - ベビーリーフ………適量
  - レモンのくし形切り……適量

■ 準備

・えびは尾を残して殻をむき、背に切り目を入れて背わたをとる。尾の先端は斜めに切り落とす。

■ 作り方

1 えびを洗う
ボウルにえびを入れ、塩を振ってもみ込む。**かたくり粉を加えてさらにもみ**、水洗いして**水けを除く**。

2 下味をつける
ポリ袋に1、Aを入れて**よくもみ込み**、冷蔵室に入れて30分ほどおく。

3 焼く
2の**汁けを軽くきり**、フライパンに並べて火にかける。両面に焼き色をつけ、ポリ袋に残ったたれ、バターを加えてからめ、しょうゆ、こしょうを振る。器に盛り、Bを添える。

Hawaii

ハワイの ガーリックシュリンプ

⏰ 調理時間 **15分**
（えびに下味をつける時間は除く）

ワゴン車で移動販売されたりもしている**ハワイで大人気の**ローカルフードです。味の決め手は**にんにくとバター！**ごはんにのせてワンプレートで食べるのもおすすめ

Pick-up!

コンビニスイーツとしても大ヒット！**スペイン・バスク地方が発祥の外はベイクド＆中はレアな食感のチーズケーキ**です。材料も作り方も実は超シンプル！

Spain

スペインの
バスク風チーズケーキ

⏰ 調理時間 **40分** （冷やす時間は除く）

■ **材料**（直径15cmの丸型1台分）

クリームチーズ	400g
砂糖	100g
卵	3個
薄力粉	小さじ1
生クリーム	1カップ

■ **準備**
- クリームチーズは室温にもどすか、電子レンジで30秒ほど加熱してやわらかくする。

■ **作り方**

1 チーズに砂糖をまぜる
クリームチーズをボウルに入れ、砂糖を加えてゴムべらで**なめらかになるまで**まぜる。

2 残りの材料をまぜる
卵を**1個ずつ割り入れて**そのつど泡立て器でまぜ、よくなじんだら薄力粉、生クリームの順に加えてさらにまぜる。

3 焼く
クッキングシートを型にくしゃっと敷き（端ははみ出してもOK）、2を流し入れる。220度に予熱したオーブンで、表面が焦げて**しっかりふくらむまで**30分ほど焼く。そのまま冷めるまでおく。

Pickup! 話題のあの料理を作ってみよう!

台湾の Taiwan トーファ

⏰ 調理時間 **15分**
（冷ます時間は除く）

■ 材料（4人分）

豆乳（無調整）		2.5カップ
かたくり粉		大さじ2
A	水	1カップ
	粉寒天	4g
B	水	¾カップ
	黒糖	50g
ゆであずき		1缶（90g）
クコの実（あれば）		適量

■ 準備
・クコの実は水につけてやわらかくもどす。

■ 作り方

1 豆乳にとろみをつける
なべに豆乳、かたくり粉を入れてよくまぜ、火にかけてゴムべらでまぜながら**とろみがつくまで**煮て火を止める。

2 寒天液をまぜる
別の小なべにAを合わせて煮立て、3分ほど煮たら1のなべに**少しずつ**加える。弱火にかけ、**もったり**としてきたら、バットなどに移して冷ます。

3 シロップを作り、盛りつける
別のなべにBを入れて火にかけ、**黒糖がとけるまで**熱してシロップを作り、冷ます。器に2をすくって入れ、シロップを注ぎ、**あずきとクコの実**を飾る。

「**豆花**」と書いてトーファと読む、**台湾の定番スイーツ**です。今回は"にがり"は使わずに、**寒天**で手軽に作るレシピにアレンジしました

25

PART 2 おいしい

START

START
✈ アメリカ ➡ p.28

メキシコ
➡ p.32

ペルー
➡ p.36

スウェーデン
➡ p.58

イギリス
➡ p.54

ドイツ
➡ p.60

フランス
➡ p.50

ポルトガル
➡ p.42

スペイン
➡ p.44

イタリア
➡ p.62

モロッコ
➡ p.40

世界一周レシピ

ロシア
➡ p.74

トルコ
➡ p.70

中国
➡ p.78

韓国
➡ p.94

GOAL

インド
➡ p.80

タイ
➡ p.86

ベトナム
➡ p.92

アメリカ
United States of America

バッファロー風スパイシーチキン

⏰ 調理時間 **20分**

■ 材料（4人分）

鶏手羽先		8本
A	塩	小さじ1/4
	こしょう	小さじ1/4
	カレー粉	小さじ1/2
薄力粉		大さじ1
B	バター	10g
	トマトケチャップ	大さじ1
	中濃ソース	大さじ1
	タバスコ	小さじ1
サラダ油		適量
好みのスティック野菜		適量
ブルーチーズディップ（下記参照）		適量

クラッカーやパンにつけてもおいしい！

ブルーチーズディップ

■ 材料（1/4カップ分）

ブルーチーズ		30g
A	プレーンヨーグルト	大さじ1
	マヨネーズ	大さじ1
	レモン汁	小さじ1/2
塩、あらびき黒こしょう		各少々

■ 作り方

1. 耐熱ボウルにブルーチーズを入れて電子レンジで20秒加熱する。
2. Aを加えてなめらかになるまでまぜ合わせ、味をみて塩、黒こしょうでととのえる。

■ 作り方

1 下味をつける
手羽先は骨に沿って切り込みを入れる。Aを**順番に**もみ込み、薄力粉をまぶして**10分おく**。

→ カレー味にならないように、カレー粉の量は分量どおりに！

2 揚げ焼きにする
フライパンにサラダ油を**5mm深さ**くらいまで入れて熱し、1の**皮を下にして**入れ、全面がこんがりとするまで揚げ焼きにする。

→ 少ない油で揚げ焼きに

油に入れたらさわらずにじっと待つこと！動かしすぎると肉汁が出て油はねの原因に。油はね防止に、キッチンペーパーをなべからはみ出ないようにかぶせるとよい

3 ソースをからめる
耐熱ボウルにBを入れてまぜ、電子レンジで30秒加熱する。**熱いうちに2**を加えてからめる。器に盛り、スティック野菜にブルーチーズディップをからめて添える。

ソースが冷めるとベタついて味がからみにくいので、熱いうちに

PART2 世界一周レシピ アメリカ

Yummy's notes

北米に入植したイギリス人の伝統料理を元とする「ニューイングランド料理」が典型的なアメリカ料理とされています。加えて、世界中からの移民をかかえる多民族国家のため、ヨーロッパをはじめ、南米やアフリカ、アジアなど各国のさまざまな文化がミックスされたアメリカ独自の料理も数多く生まれています。

ニューヨーク州バッファロー生まれの鶏手羽料理です。**ピリッと辛いソース**がビールにぴったり！アメリカのスポーツバーでは**定番のおつまみ**です

United States of America

デビルドエッグ

調理時間 **20分**

■材料（8個分）
卵	4個
A　マヨネーズ	大さじ2
粒マスタード	小さじ1
トマトケチャップ	小さじ½
こしょう	少々
塩	適量
黒オリーブ（スライス）	適量
パプリカパウダー	適量

■作り方

1　卵をゆでる
なべに卵がかぶるくらいの水を入れて火にかける。沸騰したら塩を加え、卵をそっと入れる。11分ゆでてかたゆでにし、水にとって殻をむき、水けをふく。

→ 塩は水の量の1％が目安。3カップ（600㎖）の水に塩小さじ1強くらい

2　具を作る
卵を縦半分に切って黄身をとり出し、フォークでつぶしてAを加えてよくまぜる。

3　仕上げる
白身のくぼみに2をこんもりと詰めて器に盛る。オリーブを飾り、パプリカパウダーを振る。

→ トッピングは、ゆでえびや刻んだピクルスなど好みでチェンジしても

マカロニチーズ

調理時間 **20分**

■材料（4人分）
マカロニ	150g
シュレッドチーズ	100g
玉ねぎ	½個
パン粉	¼カップ
バター	40g
薄力粉	大さじ2
牛乳	2カップ
塩	適量

■準備
・マカロニは塩（湯の量の1％）を加えた熱湯で、袋の表示時間どおりにゆでる。
・玉ねぎは薄切りにする。

■作り方

1　パン粉をいためる
フライパンにバターの半量をとかし、パン粉をきつね色になるまでいためてとり出す。

2　ホワイトソースを作る
フライパンをふき、残りのバターを入れて玉ねぎをしんなりするまでいためる。薄力粉を加えて1分ほどいため、牛乳を少量ずつ加え、とろみがつくまで煮る。とろみがつきすぎたら牛乳少量を足す。

牛乳は、ダマができないよう、なべ肌から少しずつ加える！

3　仕上げる
火を止め、湯をきったマカロニ、チーズをまぜる。味をみて塩を加え、器に盛ってパン粉を振る。

PART2 世界一周レシピ　アメリカ

アメリカのホームパーティーの人気オードブルです。見た目がかわいく華やかなので、**おもてなし感満点！**

「マッケンチーズ」とアメリカで呼ばれる、特に子供に大人気の家庭料理。インスタントもあります

メキシコ

United Mexican States

薄力粉で作る薄焼きパン。ワカモーレや
ピカディージョを包んで召し上がれ！

お好きなものを
包んでどうぞ！

サルサ・
メヒカーナ (p.34)

フラワー
トルティーヤ

**手作りの味は格別！
冷凍保存ができます**

フラワートルティーヤ

 調理時間 25分

■材料（直径15cm・8枚分）

薄力粉	3カップ
サラダ油	大さじ3
塩	小さじ1/2
熱めのお湯（約50度）	180ml

■作り方

1 材料をまぜてこねる
ボウルに材料をすべて入れ、菜箸でまぜる。水分がなくなったら表面がなめらかになるまで手でこねる。水分が多すぎる場合は粉を、かたい場合は湯を少しずつ足す。

2 生地をのばす
1を8等分して丸め、めん棒で1〜2mm厚さにまるくのばす。

3 フライパンで焼く
フライパンに薄くサラダ油（分量外）を塗って高温に熱し、2を焼く。ふくらんできたら上下を返し、さっと焼く。

PART2 世界一周レシピ　メキシコ

Yummy's notes　メキシコ料理に使われる食材は、じゃがいもやトマト、いんげん豆など、日本でもおなじみの食材が多く、実はおうちで作りやすい外国料理！　基本的にはマヤ・アステカ時代からつづくトルティーヤやソース類がベースですが、スペインの影響を色濃く受けているのも特徴的。味の決め手は、とうがらし&ハーブです。

気軽なビアパーティーにぴったり！
トルティーヤに包んで
ほおばってください。
BGMはもちろん、マリアッチ！

ワカモーレ (p.34)

ピカディージョ (p.35)

Mexico

United Mexican States

サルサ・メヒカーナ

調理時間 10分

■ 材料（3カップ分）
- トマト ………………………… 3個
- A
  - ピーマン ……………… 1個
  - 玉ねぎ ………………… 1個
  - にんにく ……………… 2かけ
  - ハラペーニョの酢漬け
    （小口切り）……… 6切れ
- B
  - レモン汁 ……… 小さじ2
  - 塩 ……………… 小さじ1
- パクチーの茎のみじん切り
  ………………………… 大さじ2

■ 準備
- トマトは約1cm角に切る。
- Aのにんにくは芯を除き、残りの材料とともにあらみじんに切る。

■ 作り方

1 材料をまぜる
トマト、Aをボウルに入れてまぜる。

2 調味する
Bを加えてまぜ、パクチーを加えて味がなじむまでおく。

→ 酸味が足りないときはレモン汁を少量加えて

材料MEMO
ハラペーニョの酢漬け

サルサ・メヒカーナには本来、生の青とうがらしを使いますが、今回は市販のハラペーニョ（青とうがらし）の酢漬けを使いました。手に入らないときはタバスコを好みの量振ってもOK。

> メキシコ料理の味のベースに大活躍！ トマトの赤、玉ねぎの白、ピーマンの緑はメキシコ国旗の色

ワカモーレ

調理時間 5分

■ 材料（作りやすい分量）
- アボカド ……………………… 1個
- A
  - オリーブ油 …………… 小さじ1
  - レモン汁 ……………… 小さじ¼
- B
  - サルサ・メヒカーナ（上記参照）
    ………………………… ½カップ
  - 塩 ……………………… 小さじ¼

■ 準備
- アボカドは種と皮を除く。
- サルサ・メヒカーナは水けをきる。

■ 作り方

1 なめらかにつぶす
ボウルにアボカド、Aを入れ、フォークでつぶしながらなめらかになるまでねりまぜる。

2 調味する
Bを加えてまぜ合わせ、食べる直前まで冷蔵室で冷やす。

> 市販の調味料を使わずに、手作りのサルサ・メヒカーナで作る簡単アボカドディップ

PART2 世界一周レシピ メキシコ

ピカディージョ

⏰ 調理時間 **20分**

ラテンアメリカの多くの国で作られる、主に牛ひき肉の煮込み料理。**サルサ・メヒカーナ**を味つけに使うと、あっという間にメキシカンに！

■ 材料（4人分）

合いびき肉……………………300g
じゃがいも……………………1個
A ┌ サルサ・メヒカーナ(p.34)
  │ ……………………1カップ
  │ 塩………………小さじ1/4
  └ 水………………1/2カップ
オリーブ油………………大さじ1

■ 準備

・じゃがいもは皮をむき、1cm角に切って水にさらし、水けをきる。

■ 作り方

1 ひき肉をいためる
フライパンにオリーブ油を熱し、ひき肉を**ほぐすように**いためる。
→ ひき肉から脂が多く出たときは軽くふいて！

2 じゃがいもを加えていためる
ひき肉が白っぽくなったら、じゃがいもを加え、**表面に透明感が出るまで**いため合わせる。

3 調味して煮る
Aを加えてふたをし、10分ほど煮る。味をみて足りなければ塩を加える。
→ 10分煮ても煮汁が多いなら、ふたをとって強火にし、汁けをとばす
→ 好みで、水のかわりにトマトジュースを使ってもOK

Mexico

Republic of Peru

ペルー

ロモ・サルタード

 調理時間 15分

■材料（4人分）

牛もも肉（ソテー用）		200g
A	塩	小さじ1/4
	こしょう	少々
薄力粉		適量
じゃがいも		2個
玉ねぎ		1個
パプリカ（赤）		1/2個
トマト		1個
絹さや		12枚
にんにく		1かけ
B	酢	大さじ2
	しょうゆ	大さじ1
	砂糖	小さじ1
オレガノ（ドライ）		小さじ1
サラダ油		大さじ2
あたたかいごはん		4人分

■準備

- 牛肉は5cm長さ、1.5cm角の棒状に切り、Aを振って薄力粉を薄くまぶす。
- じゃがいもは皮つきのままくし形に切り、キッチンペーパーを敷いた耐熱皿に並べ、ラップをかけて電子レンジで3分加熱する。
- 玉ねぎ、トマトは1cm厚さのくし形に切る。
- パプリカは縦1cm幅の斜め切りにする。
- にんにくは包丁の腹でつぶして、あらみじんに切る。

■作り方

1 じゃがいもをいためる

フライパンにサラダ油を熱し、じゃがいもをいためる。**こんがりと焼き色がついたら**とり出す。

→ 表面にカリッと香ばしい焼き色をつけるのが、おいしさのポイント

2 牛肉をいためる

1のフライパンににんにく、牛肉を入れ、**肉の色が変わるまで**いため、玉ねぎ、パプリカを加えて**油がなじむまで**いため合わせる。

3 仕上げ

Bを加えて調味し、トマト、絹さや、オレガノを加えて**全体があたたまるまで**いため、1を戻し入れてひといためする。器にごはんとともに盛りつける。

→ 小さな器でごはんを型抜きし、一緒に盛りつけるのがペルー流！

材料MEMO

アヒ・アマリージョ

ペルーでよく使われる黄色のとうがらしのペースト。ピリ辛味にしたいときはこのレシピにも加えて。「パパ・ア・ラ・ワンカイーナ」（p.38）、「セビーチェ・デ・カラマール」（p.39）では、さわやかな辛みが似ているゆずこしょうで代用しました。

36

PART2 世界一周レシピ ペルー

Yummy's notes

16世紀までインカ帝国最大の中心地として栄えたペルー。スペインの植民地を経て、先住民やアフリカ、中国、日本などの文化が融合してできた独特の食文化です。太平洋に面して、アンデス山脈の高地もあるため、魚介から農畜産物まで食材は多彩！主食は、米、じゃがいも、ユカいもなどです。

"ロモ"は牛肉、"サルタード"はいため物という意味。ペルーではごはんと一緒にワンプレートでいただくのが定番

Republic of Peru

ねっとりと甘いじゃがいもに、**ピリ辛チーズソース**がやみつきになります。ゆずこしょうを使うのに、ペルーな味に！

パパ・ア・ラ・ワンカイーナ

調理時間 **20分**
（冷ます時間は除く）

■ 材料（4人分）

じゃがいも……………………… 4個
卵……………………………… 1個
A ┃ カッテージチーズ（裏ごしタイプ）
　┃　………………………… 100g
　┃ クラッカー（プレーン）……… 50g
　┃ 牛乳………………… 1/2〜3/4カップ
　┃ サラダ油………………… 大さじ1
　┃ レモン汁………………… 小さじ1
　┃ ゆずこしょう…………… 小さじ1/2
　┃ 塩……………………… 小さじ1/4
塩……………………………… 適量
黒オリーブ…………………… 4個

■ 準備

・じゃがいもは皮つきのまま洗って水がついたまま、キッチンペーパーを敷いた耐熱皿に並べる。ラップをかけて電子レンジで4分加熱。上下を返してさらに4分加熱する。

■ 作り方

1 じゃがいもを器に並べる
じゃがいもが**室温まで冷めたら**、皮を包丁でむき、約1.5cm厚さの輪切りにし、器に並べる。

2 卵をゆでる
小なべに卵がかぶるくらいの水を入れて火にかける。**沸騰したら**塩を加え、卵をそっと入れる。**10分**ゆでて水にとり、殻をむいて輪切りにする。

塩は水の量の1％が目安。3カップ（600ml）の水に塩小さじ1強くらい

3 ソースを作って仕上げる
ミキサーにAを入れ、**なめらかになるまで**撹拌する。とろみぐあいを見て、**かたいようなら牛乳（分量外）を足し**、塩少々で味をととのえる。1にかけ、2、オリーブを飾る。

ざらつきがなくなって、もったり＆ポテッとするまで撹拌！

PART2 世界一周レシピ ペルー

セビーチェ・デ・カラマール

 調理時間 **25分**

■ 材料（4人分）

- やりいか……………… 1ぱい（約250g）
- 玉ねぎ………………………… 1/2個
- パプリカ（赤）………………… 1/4個
- A
  - レモン汁……… 1/4カップ（約2個分）
  - パクチーの葉のみじん切り
    …………………………… 大さじ1
  - ゆずこしょう……… 小さじ1/2
  - 塩…………………… 小さじ1/4
  - こしょう………………………… 少々
- さつまいものオレンジジュース煮
  （右記参照）……………………… 適量
- サニーレタス ………………… 2枚

■ 準備

- いかは足と胴に分け、目と内臓は切り落とす。
- **玉ねぎ**は薄切りにする。
- **パプリカ**はみじん切りにする。

■ 作り方

1 いかをゆでる
いかはなべに入れ、**かぶるくらいの水**を注いで火にかけ、胴が**ぷっくりとふくらむまで3〜4分**ゆでる。ボウルにとり、水洗いして皮と吸盤をこすりとり、水けをふきとる。

→ 沸騰させないこと！いかはゆですぎは禁物

2 いかを切る
いかは胴とえんぺらは2cm角に、足は2本ずつに切り分ける。

3 マリネ液であえる
ボウルに**A**をまぜ合わせ、玉ねぎ、パプリカをまぜ、**最後に2を加えてあえる**。サニーレタスを敷いた器に盛り、さつまいものオレンジジュース煮を添える。

セビーチェのつけ合わせといえば！のテッパン

さつまいものオレンジジュース煮

■ 材料（作りやすい分量）
- さつまいも……… 1/2本（約150g）
- オレンジジュース ……… 1/2カップ

■ 作り方

1 さつまいもは、2cm厚さの輪切りにして薄く皮をむき、半月に切ってなべに入れる。オレンジジュースを注ぎ、ひたひたになるように水を足す。

2 火にかけてアルミホイルで落としぶたをし、やわらかくなるまで15分ほど煮る。

ペルーを代表する料理のひとつ。本来は**ライム**でマリネしますが、**レモン**でOK

Kingdom of Morocco

モロッコ

塩・こしょうだけでもOKですが、トマトときゅうりのいつものサラダが、**クミン&パクチー**で一気にモロッコの味に！

モロカンサラダ

調理時間 15分

■材料（4人分）
トマト	大1個
きゅうり	1本
赤玉ねぎ	1/4個
パクチーのみじん切り	大さじ1
オリーブ油	大さじ2
A レモン汁	大さじ1
クミンパウダー	小さじ1/4
塩	小さじ1/2
あらびき黒こしょう	小さじ1/4

■準備
・トマトときゅうりは1cm角に切る。
・赤玉ねぎはあらみじんに切る。

■作り方

1 オリーブ油であえる
ボウルにすべての野菜を入れ、オリーブ油を加えてあえる。

2 調味する
Aを加えてよくまぜ合わせる。

材料MEMO

クミンパウダー

カレーの主な風味として知られていますが、北アフリカからアジアまで幅広く使われていて、世界一周レシピには欠かせません。サラダなどの風味づけには、ひと振りするだけでエスニックな芳香が広がるパウダーがおすすめ。

PART2 世界一周レシピ　モロッコ

Yummy's notes

北はスペイン、東はアルジェリア、南はモーリタニアと接しているため、ひとつの国の中にヨーロッパ、アフリカ、アラブの3つの文化が融合しています。料理も、アラブ料理や地中海料理などが元となったものが多く、スパイスやハーブをはじめ、デーツやレーズン、レモンの塩漬けなどがよく使われるのが特徴です。

鶏肉と野菜のタジン風蒸し煮

 調理時間 40分

■ 材料（4人分）

鶏もも肉	2枚
塩	小さじ1/2
玉ねぎ	1個
にんにく	1かけ
じゃがいも	2個
にんじん	小1本
さやいんげん	16本
トマト	大1個
レモンの薄切り	1/4個分
A しょうがのすりおろし	小さじ1
カレー粉	小さじ1
塩	小さじ1/2
あらびき黒こしょう	小さじ1/4
B パクチー、パセリのみじん切り	各大さじ1
オリーブ油	大さじ2

■ 準備

- 鶏肉は4等分に切り、塩をもみ込んで15分ほどおく。
- 玉ねぎは約2cm角に切る。
- にんにくはみじん切りにする。
- じゃがいもは皮をむいて8等分のくし形に切る。
- にんじんは1cm角の棒状に切る。
- いんげんは長さを半分に切る。
- トマトは輪切りにする。

■ 作り方

1 なべに重ね入れる
浅めのなべにオリーブ油を引いて**玉ねぎを敷き詰め、上に鶏肉をおく**。Aの半量、Bの半量の順に振りかけ、にんにくを散らす。

2 残りの野菜を重ね入れる
鶏肉の上に、じゃがいも、にんじん、いんげん、レモンを**彩りよく並べて**のせ、残りのA、Bを散らしてトマトをのせる。

3 蒸し煮にする
水1/4カップを振りかけてふたをし、**弱めの中火**にかけて、20分ほど蒸し煮にする。

専用のタジンなべがなくてもOK！ 浅めのなべやフライパンで鶏肉がしっとりやわらかく仕上がります

Portuguese Republic

ポルトガル

たらのカルディラーダ

調理時間 **30分**

■材料（4人分）

生たら	4切れ
あさり（砂出しずみ ※下記参照）	200g
えび（殻つき）	8尾
じゃがいも	3個（約300g）
玉ねぎ	1/2個
にんにく	1かけ
A　トマト缶（カットタイプ）	1缶（400g）
A　塩	小さじ1/2
B　白ワイン	1/2カップ
B　オリーブ油	大さじ2
B　塩	小さじ1/2
赤とうがらし	1本
パクチーのみじん切り	適量

■準備

- たらは半分に切り、ざるに広げてのせ、熱湯を回しかける。
- あさりは殻をこすり洗いして水けをきる。
- えびは尾を残して殻をむき、背に切り込みを入れて背わたをとる。洗い方はp.23の作り方**1**を参照。
- じゃがいもは皮をむいて5mm厚さのいちょう切りにし、水にさらす。
- 玉ねぎ、にんにくは薄切りにする。

■作り方

1 野菜を蒸し煮にする
深めのフライパンか厚手のなべに、水けをきったじゃがいも、玉ねぎ、にんにく、**A**を入れて軽くまぜ、ふたをして火にかけ、5分ほど蒸し煮にする。

2 魚介を加える
たら、えび、あさりを彩りよく並べ、**B**を回しかけて赤とうがらしをのせ、ふたをする。魚介に火が通るまで10分ほど煮る。

3 調味する
あさりの口があいたら軽くまぜ、味をみて塩（分量外）でととのえ、パクチーを散らす。ソースごととり分けて食べる。

なべのまま食卓に出すから、形よく並べる

皿に残ったソースは、バゲットやパスタにつけて。うまみたっぷり！

砂出ししていないあさりを買ったときは…

あさりの砂出し方法

■作り方

1 バットに塩水（水1カップに対して塩小さじ1強。塩は水の量の約3％）を入れ、あさりを重ならないように入れる。あさりの口が浸るくらいの水量に調整する。

2 アルミホイルをかぶせて箸の先で数カ所穴を開け、平らなところに2〜3時間置く。
※冷蔵庫に入れると砂をはきにくくなるが、夏場は適宜冷蔵庫に入れる。

3 殻をしっかりこすり洗いし、ざるに上げて水きりする。

冷凍保存する場合
砂出ししたあさりをジッパーつき保存袋に入れ、バットなどにのせて重ならないように平らにして冷凍。2〜3週間保存OK！

PART2 世界一周レシピ　ポルトガル

Yummy's notes

大航海時代、海洋国家として栄えたポルトガル。豊富な海の幸に加えて、ヨーロッパの伝統的な肉食文化もあわせもち、さらに植民地からの多種多様な食材をとり入れた料理が多く見られます。日本とは、戦国時代から長い交流があり、"魚介と米をよく食べる""味つけがやさしい"など、共通する点もたくさん！

ポルトガル版ブイヤベース！漁師料理なので、たらだけでなく、好みの魚介で気軽に作ってみてください

Kingdom of Spain

スペイン

鶏肉とあさりのパエリア

⏰ 調理時間 35分

■ 材料
（4人分・直径26cmのフライパン1個分）

米	225g（1.5合）
鶏もも肉	1枚（250〜300g）
あさり（砂出しずみ ※p.42下参照）	100g
A ┌ ローズマリー（ドライ）	小さじ½
┝ タイム（ドライ）	小さじ¼
└ 塩	小さじ¼
パプリカ（赤）	1個
にんにく	2かけ
トマト	1個
白ワイン	¼カップ
B ┌ 水	3カップ
└ 塩	小さじ½
オリーブ油	大さじ2
レモンのくし形切り	4切れ

■ 準備
・**鶏肉**は一口大に切り、**A**をもみ込む。
・**あさり**は殻をこすり洗いして水けをきる。
・**パプリカ**は縦に1.5cm幅に切る。
・**にんにく**は縦半分に切って芯を除く。
・**トマト**はあらみじんに切る。

■ 作り方

1 パプリカをいためる
フライパンにオリーブ油、にんにく、パプリカを入れて火にかけ、**しっかりと火が通るまで**いため、油を残してパプリカをとり出す。

**2 鶏肉とあさりを
いためて煮る**
同じフライパンに鶏肉を**皮から入れて**焼き色がつくまで焼く。上下を返し、あさりを加えてざっといため合わせる。トマト、ワインを加えて**トマトの形がくずれるまで**いため、**B**を加えて5分ほど煮る。

3 米を加えて煮る
米は直前に洗って水けをきり、**全体にまんべんなく**加える。軽くまぜ、火を弱めて15分ほど煮る。**少し汁けが残っている状態でOK**。途中で水分が足りなくなったら水を少し足し、多いようなら強火にして煮詰める。米に火が通ったら火を止めて**1**のパプリカをのせ、レモンを飾る。

パプリカは焼き色がつくまでいためると、油が黄色く色づく

米を入れたらあまりまぜないこと。焦げそうなときは底をこそげるように大きくまぜる

PART2 世界一周レシピ スペイン

Yummy's notes

スペインは時代によってさまざまな民族文化の流入があり、地方によって気候風土・文化・習慣が異なるため、調理方法や使う食材も多種多様！代表料理といわれる「パエリア」も、もとはバレンシア地方の郷土料理です。

スペインの友人に習った、サフランを使わず**パプリカとトマトで色**づけする方法です。もともとの具は**ウサギとカタツムリ**なんですよ！

Kingdom of Spain

野菜たっぷりの"飲むサラダ"！アンダルシア地方の冷たいスープです

ガスパチョ

⏰ 調理時間 10分

■ 材料（4人分）

トマト	2個
きゅうり	1/2本
ピーマン	1個
にんにく	1かけ
A 白ワインビネガー	小さじ1
塩	小さじ1/4
オリーブ油	大さじ1

■ 準備

・トマト、きゅうり、ピーマンは適当な大きさに切る。
・にんにくは縦半分に切って芯を除く。

■ 作り方

1 野菜をミキサーで攪拌する

トマト、きゅうり、ピーマン、にんにくをミキサーに入れ、なめらかになるまで攪拌する。

2 調味する

Aを加えてさらに攪拌し、味をみて、好みで酢、塩を加えて味をととのえる。

→ すぐに飲んだほうがおいしいので、野菜はあらかじめ冷やしておくのがおすすめ

PART2 世界一周レシピ　スペイン

> スペイン料理に欠かせない**パプリカパウダー**を使って、ポークソテーをスペイン風に。シェリーは**辛口の白ワイン**にかえてもOK

調理時間
20分

豚肉のソテー
パプリカソース

■ 材料(2人分)

豚ロース肉(とんカツ用)	2枚(約200g)
塩	小さじ1/4
薄力粉	少々
A シェリー酒(辛口)	大さじ3
パプリカパウダー	小さじ1/2
にんにくのすりおろし	小さじ1/2
オリーブ油	大さじ1

■ 作り方

1 豚肉の下ごしらえをする
豚肉は包丁の背で**全体をたたき、筋切り**をする。塩を両面に均一にまぶし、薄力粉を薄くまぶす。

2 豚肉を焼く
フライパンにオリーブ油を熱し、トングで肉をつかみ、立てて**脂身の部分を焼く**。こんがりしたら、**盛りつけるときに上になる面を下にして焼く**。焼き色がついたら、上下を返して焼く。器にとり出し、冷めないように**アルミホイルをかぶせる**。

3 ソースを作る
フライパンをふき、**A**を入れて火にかける。**アルコール分がとんで**、にんにくの香りが立ったら火を止め、器に盛った肉にかける。

はじめに脂身をしっかり焼くことで、脂の甘みが出ておいしくなる

安全のため、フライパンをふくときは火を止めて、**A**を加えてから再点火する

47

Kingdom of Spain

3種のきのこのアヒージョ

調理時間 **20分**

> うまみたっぷり！**きのこの香り**が移ったオイルは、バゲットにつけて食べてもおいしい！油っこくありません

■材料（4人分）
- ブラウンマッシュルーム……… 4個
- まいたけ ……………………… 1パック
- しめじ ………………………… 1パック
- にんにく……………………… 2かけ
- A
  - レモン汁……………… 小さじ1
  - 塩 …………………… 小さじ1/2
  - あらびき黒こしょう……… 少々
- オリーブ油 ……………… 1/2カップ
- パセリのみじん切り ……… 大さじ2

■準備
- マッシュルームは縦半分に切る。
- まいたけ、しめじは食べやすくほぐす。
- にんにくはみじん切りにする。
- Aはまぜ合わせる。

■作り方

1 きのこをいためる
フライパンにオリーブ油、にんにくを入れて火にかけ、1分ほど加熱し、香りが立ってきたら、きのこを加えて**油がなじむまで**いためる。

2 煮る
弱火にしてきのこの**水分が出てくるまで**じっくり火を通し、水分が出たら**火を強めて**4〜5分煮る。 → きのこの水分と油が乳化するまで煮る

3 調味する
A、パセリを加えて味がなじむまで1分ほど煮る。

PART2 世界一周レシピ　スペイン

ズッキーニとじゃがいもの
トルティージャ

 調理時間 **20分**

■ 材料（4～6人分・直径21～24cmの
　　フライパン1台分）

卵	4個
ズッキーニ	1本
じゃがいも（メークイン）	2～3個（約300g）
にんにく	1かけ
塩	小さじ½
オリーブ油	大さじ4

■ 準備

- ズッキーニ、皮をむいたじゃがいもは鉛筆を削る要領でそぐように一口大に切る。
- にんにくは芯を除き、薄切りにする。
- 卵は割りほぐす

■ 作り方

1 野菜をいためる
フライパンにオリーブ油大さじ3を入れて火にかけ、じゃがいもを入れていためる。**まわりが半透明になったら**、ズッキーニとにんにくを加えて火が通るまでいため、ボウルに移して**塩をまぶし、とき卵をまぜる。**

じゃがいもは水にさらさず、切ったらすぐにいためて

いためるとき、火の通りが遅くなるのであまり動かさないこと！

2 卵を加えて焼く
フライパンに残りのオリーブ油を熱し、**1**を流し入れて**底が固まるまでまぜ、ふたをして**焼く。

3 上下を返す
半熟状になったら大きめの皿にすべらせてとり出し、フライパンをかぶせてオムレツをひっくり返し、裏側に焼き色がつくまで焼く。

フライパンを少しずつ傾けながら、ゆっくりとすべらせて皿にとり出す

スパニッシュオムレツの具はじゃがいもが基本！　火が通りやすいように**薄くそぐように**乱切りにするのがコツ

フランス

French Republic

鶏と栗のロースト

調理時間 **50分**

■材料(4人分)

鶏もも肉	2枚
A [タイム(ドライ)	小さじ1/4
塩	小さじ1/4]
むき甘栗	100g
玉ねぎ	1個
サラダ油	小さじ1
クレソン	適量

■準備

- 鶏肉は余分な脂を除き、厚みをそろえるように切り開いて、筋を切る。
- 玉ねぎは1cm厚さのくし形に切る。

■作り方

1 鶏肉の下準備
鶏肉は4等分に切り、**A**をもみ込んで**15分ほどおく**。

2 耐熱容器に並べる
耐熱容器に玉ねぎを敷き詰め、**甘栗を散らしてその上に鶏肉**を皮を上にしてのせる。

> 耐熱容器は、材料がすき間なく入るサイズがベスト

> 丸鶏のおなかに詰め物をするイメージで、甘栗を鶏肉でおおうようにして詰めると、鶏のうまみを吸ってやわらかい仕上がりに

3 焼く
鶏肉の**皮にサラダ油を塗り**、180度に予熱したオーブンで20分焼く。器に盛ってクレソンを飾る。

> 皮にサラダ油を塗っておくと皮がパリッと焼き上がる

★オーブントースター(1000W)の場合の焼き時間の目安：15分焼き、容器の前後を入れかえてさらに15分焼く。

PART2 世界一周レシピ フランス

Yummy's notes
16世紀に、高度な調理法や厳しいマナーが求められる宮廷料理が発達し、高級料理として世界に広まりました。そのため格式が高いイメージがありますが、原点はローカルな郷土料理といわれています。現在は、プロヴァンスやアルザス、バスクなど、各地方に継承される多様性に富んだ食文化が見直され、素朴さの残る料理も人気です。

丸鶏に栗を詰めるローストチキンを、鶏もも肉で手軽に作れるレシピで！

French Republic

タブレ

⏰ 調理時間 15分

■ 材料（4～6人分）

クスクス	1/2カップ
A [オリーブ油	大さじ1/2
塩	小さじ1/4
水]	1/2カップ
きゅうり	1/2本
トマト	1個
玉ねぎ	1/4個
パセリのみじん切り	1枝分
B [レモン汁	大さじ1/2
オリーブ油	大さじ1/2
塩]	小さじ1/4

■ 準備
- きゅうりは縦半分に、トマトは横半分に切って種を除き、1～1.5cm角に切る。
- 玉ねぎはみじん切りにして水にさらし、水けをきる。

■ 作り方

1 クスクスを蒸らす
ボウルにクスクスを入れ、**A**をまぜ合わせ、ラップをかけて電子レンジで3分加熱する。**ほぐして冷ます**。

2 野菜をまぜる
1のボウルに準備した野菜、**B**を加えてまぜ合わせる。

ムラなく蒸せるようによくまぜて加熱し、加熱後よくほぐす

材料MEMO

クスクス
パスタと同じセモリナ粉で作られた、北アフリカ生まれの粒状のパスタです。小さな粒なのでゆでる必要がなく、熱湯で蒸らしたり、レンジ加熱で気軽に調理できるのが魅力。サラダ以外に、煮込み料理と一緒に食べるのが定番。

たことじゃがいものエスカルゴ風

⏰ 調理時間 20分
（冷ます時間は除く）

■ 材料（4人分）

ゆでたこ（または蒸したこ）	200g
じゃがいも	3個
A [バター	30g
パセリのみじん切り	大さじ2
にんにくのすりおろし]	小さじ1/2
塩、こしょう	各適量

■ 準備
- たこは1.5～2cmほどに切る。
- じゃがいもは、傷んだところや芽を除き、皮つきのまま1.5～2cmほどに切る。水につけ、水が濁らなくなるまで水を数回かえながらさらす。
- バターは室温においてやわらかくする。

■ 作り方

1 じゃがいもを加熱する
耐熱皿にじゃがいもを並べ、ラップをかけて電子レンジで4分ほど加熱し、**冷ます**。
→よく冷ますと、いためるときにベタつかず、くずれにくい

2 エスカルゴバターを作る
Aのバターはクリーム状にねる。残りの**A**を加えてよくねり合わせる。

3 いためる
フライパンに2、1を入れて火にかけ、軽く焼き色がつくまでいためる。たこを加えて**あたたまる程度に**さっといため合わせ、塩、こしょうで味をととのえる。
→じゃがいもは動かすと焼き色がつきにくい
→たこは表面が白っぽくなればOK

エスカルゴバターは作りおきOK!

冷蔵で1週間、冷凍で1カ月ほど保存できるので、まとめて作っておくのがおすすめ。ラップで筒状に包んで保存すれば、必要な分だけ切り分けて使えます。ステーキにのせたり、魚介のいため物の風味づけに、と使いみちはいろいろ。

PART2 世界一周レシピ フランス

もとは北アフリカの料理。**クスクス**の食感がたまらない、人気の**サラダ**です

エスカルゴ料理に使う**ガーリック&パセリ風味のバター**で、ワインがすすむ味に

イギリス

United Kingdom of Great Britain and Northern Ireland

フライパン焼き ロールローストチキン

⏰ 調理時間 **40分**

■ 材料（4人分）

鶏もも肉	2枚
	（1枚の目安250g～300g）
塩	小さじ1/4
A フライドオニオン	大さじ2
パン粉	1カップ
セージ（ドライ）	小さじ1/2
塩	小さじ1/4
水	大さじ6
白ワイン	大さじ2
サラダ油	大さじ1

■ 準備

- **鶏肉**は、横幅が2倍くらいの大きさになるように厚みに切り込みを入れて開き、筋切りし、**塩**をまぶす。
- **A**はまぜ合わせる。

■ 作り方

1 具を巻く

鶏肉はそれぞれ皮を下にして広げ、手前側に**A**を半量ずつのせて**手前から巻き**、左右を折り込んで巻き上げる。巻き終わりを**ようじで2～3カ所とめる**。

肉を少し引っぱるようにして、手前からきつめに巻く

ようじで縫うようにとめる

2 焼き色をつける

フライパンにサラダ油を入れて火にかけ、**油が冷たいうちに1**の巻き終わりを下にして入れて焼く。きつね色になったら、向きを変えながら全体に焼き色をつける。

→ 中までしっかり火を通すために、油が冷たいうちに入れてじっくり焼く。出てきた余分な油はふきとる

3 蒸し焼きにする

巻き終わりを下にし、火を止めてフライパンの脂をふきとり、ワインを加える。ふたをして弱火にし、5分ほど蒸し焼きにする。

→ フライパンのサイズは24cmがベスト。大きいとワインを加えたときに一気に蒸発してはねるので、火からおろして落ち着いてから加える

PART2 世界一周レシピ イギリス

Yummy's notes　イギリスではシンプルな調理法が好まれ、代表料理として肉のローストやパイなどのオーブン料理があげられます。"イギリス料理はおいしくない"といわれますが、料理に各自好みで塩やビネガーなどをかけるという習慣の違いが大きな理由かもしれません。私は好きな料理がたくさんあります！

オーブンがなくてもだいじょうぶ！ フライパンでしっとりジューシーな蒸し焼きに

55

United Kingdom
of Great Britain and Northern Ireland

ナツメグの香りが味のアクセント！ 電子レンジで作る簡単レシピです。じゃがいもは男爵いもがおすすめ

クリーミーマッシュポテト

 調理時間 10分

■材料（4人分）

じゃがいも……… 2個（約200g）
バター………………………30g
牛乳…………………… ¾カップ
A ［ナツメグパウダー…… 小さじ⅛
　　塩………………………… 適量

■作り方

1 じゃがいもを加熱する
じゃがいもは洗って傷んだところや芽を除き、**皮つきのまま**1個ずつラップで包み、電子レンジで5分ほど加熱する。

→ 竹ぐしがすっと通ればOK。通らないときは上下を返してさらに1分ほど加熱

2 裏ごしする
ざるにボウルを当て、1を**熱いうちにまるごと**のせてゴムべらでつぶす。ざるに残った皮は捨てる。

3 バター、牛乳をまぜて加熱する
熱いうちにバターを加えてよくまぜ、牛乳を**少しずつ加えて**のばす。ラップをかけて電子レンジで3分加熱し、Aを加えてまぜる。

→ とろみの強いポタージュ状になるまで牛乳でのばす。牛乳の量はじゃがいもの水分量によって調節を

これなら手で皮をむかなくてもOK!

56

PART2 世界一周レシピ　イギリス

さくさくミートパイ

調理時間 **30分**

■ 材料（直径18cmのパイ皿1台分）

A ┌ 合いびき肉 ……………250g
　├ フライドオニオン…大さじ2
　├ 薄力粉 ……………小さじ2
　├ にんにくのすりおろし
　│　　　　　　　　…小さじ1/4
　├ しょうゆ ………小さじ1/2
　├ 塩 ………………小さじ1/8
　├ こしょう ……………少々
　└ 水 ………………1/2カップ
ミートパイのパイ生地（下記参照）
　………………………………全量
とき卵 ……………………適量

■ 準備
・型にバター少々（分量外）を塗って薄力粉（分量外）を薄くまぶす。

■ 作り方

1 具を作る
耐熱ボウルにAを入れてまぜ合わせる。ラップをかけて**電子レンジで6分**加熱し、**冷ます**。

→ 具はまぜてレンチンするだけでOK!

2 生地をパイ皿に敷く
パイ生地を2等分してクッキングシートにのせ、めん棒で**パイ皿よりもひと回り大きい円形**にのばす。1枚はパイ皿に敷き詰める（生地ははみ出てOK）。

3 成形して焼く
2のパイ皿に1を入れて**平らにならし**、もう1枚の生地をかぶせて縁を折り返し、**しっかりとつける**。表面にナイフで**切り目**を入れてとき卵を塗り、3分ほど予熱したオーブントースターで15分ほど焼く。

→ 型に敷いた生地も、一緒に折り返して密着させる

→ 加熱するとふくれるので、4～5カ所に切り目を入れる

これひとつでランチになる**食べごたえ**！具はまぜてレンチンするだけ

さくさくに仕上げるコツは、ねらない！　こねない！

ミートパイのパイ生地

■ 材料（18cmのパイ皿1台分）

A ┌ 薄力粉 ……200g（約2カップ）
　├ 塩 ………………小さじ1/4
　└ 砂糖 ……………小さじ2
バター ………………………80g
とき卵 ……………………大さじ2
牛乳 ………………小さじ2～3

■ 準備
・バターは室温にもどす。

■ 作り方

1 ボウルにAを入れてまぜ合わせ、バターを加えてフォークで**そぼろ状**になるまでつぶす。手ですりまぜて**粉チーズくらいのサラサラな状態**にする。

2 とき卵と牛乳を加えてフォークでざっとまぜ合わせてから、手で**ぎゅっと押しつけるよう**にしてまとめる。

Kingdom of Sweden

スウェーデン

ヤンソンの誘惑

調理時間 **30分**

■ 材料(4～6人分・1400mℓ容量の耐熱容器1個分)

じゃがいも	4個(約400g)
玉ねぎ	1個
オイルサーディン	2缶(1缶88g)
牛乳	1/2カップ
あらびき黒こしょう	小さじ1/4
パン粉	大さじ3
バター	20g

■ 準備
- じゃがいもは皮をむいて、細切りにする。
- 玉ねぎは薄切りにする。

材料MEMO

オイルサーディン

本来この料理には、にしんの缶詰を使うのが一般的です。日本ではアンチョビーで代用することが多いようですが、スウェーデンの友人のレシピにならってサーディンで試して以来、このレシピがお気に入りです。

■ 作り方

1 耐熱容器に材料を重ね入れる

耐熱容器にバター(分量外)を塗り、じゃがいもの1/3量を敷き詰め、玉ねぎの1/2量、サーディン1缶分を缶汁ごと順にのせ、黒こしょうの半量を振る。同様にもう1段重ね入れ、最後に残りのじゃがいもを重ねる。

→ 耐熱容器は浅くてもよい。グラタン皿なら1段重ねで

→ 塩は使わないが、味が薄ければこしょうと一緒に塩を振っても

2 電子レンジで下加熱する

牛乳を回しかけ、ラップをかけて電子レンジで8分加熱する。

→ 下加熱しておくことで、焼き時間を短縮できる

3 オーブンで焼く

パン粉を振り、バターをちぎってのせ、180度に予熱したオーブンで焼き色がつくまで15分ほど焼く。

→ オーブントースターで焼いてもOK。ただしパン粉が焦げやすいので、様子を見てアルミホイルをかぶせる

PART2 世界一周レシピ　スウェーデン

Yummy's notes

古典的なスウェーデンの家庭料理は「ヒュスマンスコスト」といわれ、地元の食材を使用したものが中心。冬が長いため、新鮮な野菜はあまり使われません。伝統料理は重めの味つけが多く見られますが、近年は軽いものに変化しています。「スモーガスボード」と呼ばれるビュッフェ式の料理、日本でいう「バイキング」はスウェーデンが起源。

菜食主義の**ヤンソンさん**も、ついガマンできずに食べてしまったとか……。料理名の由来が諸説ある、魚入り**ポテトグラタン**

Federal Republic of Germany

ドイツ

キャベツのザワークラウト風

🕐 調理時間 **20分**
（つける時間を除く）

■ 材料（作りやすい分量）

キャベツ	1/4個（約250g）
塩	小さじ1
A 粒黒こしょう	6粒
赤とうがらし	1本
ローリエ	1枚
りんご酢	1/2カップ
水	1/4カップ
砂糖	大さじ2

■ 準備
・粒黒こしょうは包丁の腹でつぶす。

■ 作り方

1 塩もみキャベツを作る
キャベツは5mm幅くらいの細切りにする。塩をまぶして しんなりするまで もんで水けをしぼる。

2 ピクルス液を作る
なべにAを入れて火にかけ、ひと煮立ちさせる。

3 つける
2に1を加え、再び煮立ったら保存容器に移し、1時間以上つける。

→ 長期保存する場合は、熱いうちに清潔な保存容器に詰めてふたをする

シュニッツェル

🕐 調理時間 **15分**

■ 材料（4人分）

豚ロース肉（とんカツ用）	4枚（約400g）
A 塩	小さじ1/2
あらびき黒こしょう	少々
薄力粉	適量
とき卵	1個分
パン粉	2カップ
B サラダ油	大さじ2
バター	10g
さやいんげん	16本
レモンのくし形切り	4切れ

■ 準備
・パン粉はポリ袋に入れ、手でもんでこまかくする。
・いんげんは長さを半分に切る。

■ 作り方

1 豚肉を薄くのばす
豚肉は筋を切って包丁でたたく。ラップではさみ、めん棒でさらにたたいて5mm厚さくらいに薄くのばす。

2 衣をつける
Aを振って薄力粉を薄くまぶし、とき卵をくぐらせてパン粉をまぶす。

3 焼く
フライパンにBを入れて火にかけ、バターがとけたら2を並べ入れる。焼き色がついたら上下を返し、両面をこんがり焼く。あいているところでいんげんを焼き、器に盛り合わせ、レモンを添える。

薄くのばすと肉がやわらかくなる

→ 油の量は、フライパンの底面に薄く油が行き渡るくらいがベスト。大きなフライパンなら、油の量をふやして調整を

60

PART2 世界一周レシピ ドイツ

Yummy's notes ドイツでは冬季にはあまり作物がとれないため、マリネやピクルス、ソーセージなどの保存食が発達しました。伝統あるドイツビールともよく合う料理がたくさん！朝食と夕食はハムやチーズにパンといった冷たい料理で、あたたかい料理をしっかり食べるのはランチというのがドイツ流。

りんご酢を使うのがポイント！まるで**熟成**したようなおいしさに

キャベツの
ザワークラウト風

シュニッツェル

揚げずに焼いて作るドイツ風カツレツ。油に**バター**を足すことでコクがアップします

イタリア
Italian Republic

パスタ・アル・フォルノ

⏰ 調理時間 30分

■材料（4～6人分・17×23×4.5cmの耐熱容器1個分）

マカロニ	150g
ブロッコリー	1/2個
A 合いびき肉	100g
トマト缶（カットタイプ）	1缶（400g）
フライドオニオン	大さじ3
塩	小さじ1/4
こしょう	少々
にんにくのすりおろし	小さじ1/4
オリーブ油	大さじ1
ローリエ	1枚
モッツァレラ	100g
粉チーズ	大さじ3
塩	適量

■準備

- マカロニは、塩（湯の量の1%）を加えた熱湯で、袋の表示時間どおりにゆでる。
- ブロッコリーは小さめの小房に切り、茎は皮をむいて食べやすく切る。マカロニがゆで上がる3分前に加えていっしょにゆでる。
- モッツァレラは水けをきる。

■作り方

1 ミートソースを作る
耐熱ボウルに **A** を入れてまぜ、ラップをかけ、電子レンジで5分加熱する。よくまぜ合わせてローリエを除く。

いためる手間いらず！

2 耐熱容器に入れる
耐熱容器にオリーブ油（分量外）を塗り、水けをきったマカロニとブロッコリーを敷き詰め、**1** を上からまんべんなくかける。

→ マカロニのかわりに、ほかのショートパスタやスパゲッティを食べやすく折ったものでもOK

3 焼く
モッツァレラをちぎって散らし、粉チーズを振り、オーブントースターで10分ほど焼く。

→ 表面がグツグツするまで焼いて

材料MEMO

モッツァレラ
粉チーズ

チーズを2種類使うとコクがアップします。モッツァレラがないときはピザ用チーズでもOK。粉チーズはパルミジャーノ・レッジャーノを使うとより本格的な味に。

PART2 世界一周レシピ　イタリア

Yummy's notes

イタリアは、北はアルプスの麓、南はアフリカ大陸に近いシチリア島と、細長い国のため、地域ごとに独特の味や食材があり、料理はバラエティー豊か！　大きく分けると、北イタリアでは濃厚な味つけやジビエ料理、南イタリアでは魚介を使ったシンプルな料理が特徴的です。おなじみのパスタは南イタリア発祥です。

料理名は"パスタのオーブン焼き"という意味。手軽に作れるラザニアのような料理です。南イタリアのマンマの味！

Italian Republic

パルミジャーノがおいしさの決め手！野菜は好みでチェンジOKです

香味野菜とチーズのリゾット

調理時間 30分

■ 材料（4人分）

米	300g（2合）
A [セロリ	1/2本
にんじん	1/4本
玉ねぎ	1/2個
ベーコン]	2枚
白ワイン	1/4カップ
牛乳	1/2カップ
B [パルミジャーノ・レッジャーノ	50g
バター]	10g
塩	適量
こしょう	少々
オリーブ油	大さじ2

■ 準備

・Aはあらみじんに切る。

■ 作り方

1 野菜をいためる
フライパンにオリーブ油を熱し、A、塩小さじ1/4を加えてクタクタになるまでいためる。

2 米を加えていためる
米はさっと洗って水けをきり、すぐに1に加えて軽くいため合わせる。

3 煮る
ワインを加えてアルコール分をとばし、湯3カップを加えて15分ほど煮る。米に8割ほど火が通ったら牛乳を加えてさらに5分ほど煮る。米がやわらかくなったらBを加えて塩少々、こしょうを振る。

→「米は洗わない」という人もいますが、ヌカを洗い流すほうがサラッとした仕上がりに。やわらかくなりすぎないよう、洗ったらすぐにいためる

→米に火が通る前に水分が足りなくなったら湯を足す

材料MEMO

パルミジャーノ・レッジャーノ
エミリア・ロマーニャ州などの限定生産地域で作られる長期熟成のハードチーズで、厳正な審査を通過したものだけがこう呼ばれています。「イタリアチーズの王様」といわれ、熟成による独特の香ばしさとコクが特徴です。

64

PART2 世界一周レシピ　イタリア

豚肉のピッツァイオーラ

調理時間
30分

■ 材料（4人分）

豚ロース肉（とんかつ用）……… 4枚
A ┌ 塩 ……………………… 小さじ1/4
　 └ こしょう ………………………少々
薄力粉 ……………………………適量
白ワイン ……………………… 大さじ3
B ┌ トマト缶（カットタイプ）
　 │　　　　　　　　 1缶（400g）
　 │ オレガノ（ドライ）…… 小さじ1
　 └ 塩 ……………………… 小さじ1/4
モッツァレラ ……………1個（100g）
オリーブ油 …………………… 大さじ1

■ 作り方

1　豚肉の下ごしらえをする
豚肉は**筋切りをして包丁の背で軽くたたき**、両面にAを振り、薄力粉を薄くまぶす。
→筋切りは包丁を立てて持ち、突き刺すようにして裏側まで断ち切る

2　豚肉を焼く
フライパンにオリーブ油を熱し、豚肉を入れて両面に焼き色がつくまで焼き、**とり出す**。

3　ソースを作って煮る
フライパンをふいてワインを入れ、再び火にかけて**アルコール分をとばし**、Bを加えて煮立たせる。2を戻し入れて**とろみがつくまで**煮る。モッツァレラをちぎってのせ、ふたをしてとかす。器に盛り、好みでバジルなどを飾る。
→ワインを入れるときは火を止めて！加熱していると、はねるのでキケン！

ピッツァイオーラ＝**ピザ職人風**。ピザ風の**トマトソース**で煮込む肉料理です

Italian Republic

イタリア版の南蛮漬けという感じ。日もちがするので作りおきがおすすめ！

なすのスカペーチェ

調理時間 **25分**
（あら熱をとる、冷やす時間は除く）

■ 材料（4人分）

なす	5個（約400g）
塩	小さじ 1
にんにく	2かけ
A 白ワインビネガー	大さじ 2
砂糖	小さじ 1
オレガノ（ドライ）	小さじ 1/2
塩	小さじ 1/4
オリーブ油	大さじ 2

■ 準備

・なすは5mm厚さの輪切りにし、塩をまぶして10分ほどおき、キッチンペーパーで水けをとる。
・にんにくは薄切りにし、芯を除く。

■ 作り方

1 焼く
フライパンになす、にんにくを入れてオリーブ油を加え、全体にからめる。なるべく重ならないように並べて火にかけ、両面に焼き色がつくまで焼き、火を止める。

→ なすはくずれやすいので、ふたはしないで

2 調味する
Aを加えてまぜ合わせ、あら熱をとる。

3 冷やす
保存容器に入れ、冷蔵室で冷やす。好みでバゲットなどを添えて食べる。

→ 2〜3日目がいちばん味がなじんでおいしい！冷蔵保存で1週間OK

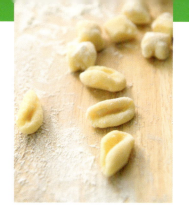

PART2 世界一周レシピ　イタリア

調理時間
30分

ポテトニョッキ

■ 材料（4人分）

じゃがいも ………… 4個（約400g）
A ┌ 強力粉 ………………… 150g
　└ 塩 ………………… 小さじ1/4
卵 ……………………………… 1個
B ┌ オリーブ油 ………… 大さじ2
　│ パルミジャーノ・レッジャーノ
　└ 　（粉状） …………… 大さじ3
塩、あらびき黒こしょう …… 各適量

■ 準備

・じゃがいもは洗って傷んだところや芽を除き、皮つきのまま1個ずつラップで包む。電子レンジで5分ほど加熱し、上下を返してさらに4分加熱する。

■ 作り方

1 生地を作る
ざるにボウルを当て、じゃがいもを**熱いうちにまるごとのせて**ゴムべらでつぶし、ざるに残った皮は捨てる（p.56 作り方2参照）。**A**を加えてゴムべらでよくまぜる。卵を加えて**ひとまとまりになるまで**手でこね、2等分する。

2 成形する
台に打ち粉（分量外）をして1をのせ、転がしながら**直径1cmのひも状**にする。2cm長さに切り、親指で生地を押しつぶして**シェル形**にする。

切り口を上にして親指の側面をのせ、向こう側に飛ばす要領でクルン！ 生地がゆるいときはスプーンで一口大にすくってゆでてもOK

3 仕上げる
熱湯に塩（湯の量の0.5%）を加え、2を入れる。**浮いてきてから1分ほど**ゆで、湯をきってボウルに入れ、**B**を加えてあえる。器に盛り、黒こしょうを振る。

このモチモチ食感は手作りならでは！ じゃがいもで作るパスタです

67

ちょっと休憩 "おうちバル"気分で

バゲットにのせて! オープンサンド

a パン・コン・トマテ
スペインではバルの定番

■材料（6個分）
- トマト………… 1個
- A [塩………… 小さじ1/8
    オリーブ油…… 大さじ1]
- にんにく………… 1かけ
- バゲットの薄切り… 6切れ

■作り方
1 トマトは皮を除き、横半分に切ってすりおろし、Aをまぜる。
2 バゲットは両面こんがりと焼き、半分に切ったにんにくを表面に軽くこすりつけ、1を塗る。オリーブ油、塩各適量（分量外）を別途添える。

b カマンベール＆アンチョビー
熱々がおすすめ!

■材料（4個分）
- カマンベール………… 1/2個
- アンチョビー………… 2枚
- バゲットの薄切り…… 4切れ
- オリーブ油…………… 適量

■作り方
1 カマンベールは8等分に切る。アンチョビーは半分に切る。
2 バゲットにオリーブ油を薄く塗り、カマンベール2切れ、アンチョビー1切れをのせる。あたためたオーブントースターでチーズが少しとけるまで3分ほど焼く。

c ゆで卵＆オイルサーディン
写真映えもGOODなマヨサーディン

■材料（4個分）
- ゆで卵………………… 1個
- オイルサーディン…… 4切れ
- バゲットの薄切り…… 4切れ
- 塩、こしょう………… 各少々
- マヨネーズ…………… 少々
- バター………………… 適量

■作り方
1 ゆで卵は殻をむき、輪切りにする。
2 バゲットは軽く焼いてバターを塗る。1を並べ、オイルサーディンをのせ、塩、こしょうを振ってマヨネーズを飾る。

"おうちバル"気分でフィンガーフード

フィンガーフード

世界の料理を味わいながら「おうちで世界一周」もこのへんでひと休み。
のせるだけ、刺すだけで手軽に作れるフィンガーフードをつまみに、カンパーイ！

ピックに刺して！
ピンチョス

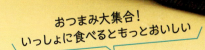

生ハムの塩けが
アクセント

a アーティチョーク＆生ハム

■ 材料（8個分）
アーティチョーク（水煮）……4個
生ハム………………………4枚
A ┌ レモン汁……………適量
　 └ オリーブ油…………適量

■ 作り方
1 アーティチョークは食べやすい大きさに切る。
2 生ハムは1が巻ける長さに切る。1を巻いてピックで刺し、Aをかける。

ミニミニサイズの
カプレーゼ！

b モッツァレラ＆ミニトマト

■ 材料（6個分）
モッツァレラ…………1/2個（50g）
ミニトマト……………………6個
バジルの葉……………………6枚
塩………………………………少々
オリーブ油……………………適量

■ 作り方
1 モッツァレラは6等分に切り、ミニトマト、バジルをのせてピックで刺す。
2 塩を振り、オリーブ油を回しかける。

おつまみ大集合！
いっしょに食べるともっとおいしい

c オリーブ＆ピクルス＆アンチョビー

■ 材料（6個分）
グリーンオリーブ（種なし）……6個
ピクルス（コルニッション）……6個
アンチョビー…………………3枚

■ 作り方
1 アンチョビーは半分に切る。
2 ピクルス、オリーブ、アンチョビーの順にピックに刺す。

69

Republic of Turkey

トルコ

イズミル・キョフテ

調理時間 **40分**

■材料（4人分）

じゃがいも（メークイン）……… 2個

A
- 合いびき肉 …………………… 300g
- 玉ねぎ …………………………… 1/2個
- パン粉 …………………………… 1カップ
- 卵 ……………………………………… 1個
- パセリのみじん切り …… 大さじ2
- カレー粉 ……………………… 小さじ1/2
- 塩 ………………………………… 小さじ1/4
- あらびき黒こしょう …… 小さじ1/8

B
- トマト缶（カットタイプ） ……………………………… 1缶（400g）
- 塩 ………………………………… 小さじ1/2
- 水 ………………………………… 1/2カップ

オリーブ油 ……………………… 大さじ2
パセリのみじん切り ……………… 適量

■準備

- じゃがいもは皮つきのまま一口大のくし形切りにし、水にさらす。キッチンペーパーに包み、ラップをかけて電子レンジで3分加熱する。
- **玉ねぎ**はすりおろす。

■作り方

1 肉だんごを作る
ボウルに**A**を入れ、**粘りが出るまで**しっかりこねる。12等分して、ラグビーボール形に成形する。

2 焼く
フライパンにオリーブ油を熱し、じゃがいもをこんがりするまで焼き、**とり出す**。同じフライパンに**1**を並べ入れて火にかけ、**全体に焼き色をつける**。

3 煮る
肉に焼き色がついたら**端に寄せ**、**B**を加える。煮立ったら全体をまぜ合わせ、**ふたをして**10分ほど煮る。じゃがいもを戻し入れて軽くまぜ、器に盛ってパセリを散らす。

生地がやわらかく、くずれやすいので注意！焼き色がつくまではあまり動かさないこと

PART2 世界一周レシピ　トルコ

Yummy's notes

トルコはヨーロッパとアジアの交差点。東西のさまざまな国の食文化の影響を受けて発展してきました。中央アジアの羊料理を中心に、ヨーグルトやナッツ類、黒海や地中海の海産物を使った多彩な料理があり、世界三大料理のひとつです。代表的な料理は、羊の焼き肉・ケバブや、豆のペースト・フムスなど。

肉だんごとじゃがいものトマト煮込みです。"イズミル"はトルコの港町、"キョフテ"は肉だんごという意味

Republic of Turkey

ブルグル・ピラウ

調理時間 25分

■材料（4人分）

- ブルグル……………… 1カップ
- 玉ねぎ………………… 1/2個
- A
  - ピーマン…………… 1個
  - トマト……………… 1個
  - マッシュルーム…… 4個
- B
  - 水………………… 1.5カップ
  - 塩………………… 小さじ1/4
- バター………………… 40g

■準備

- 玉ねぎ、ピーマン、トマトはあらみじんに切る。
- マッシュルームは薄切りにする。

■作り方

1 材料をいためる

フライパンにバターをとかして玉ねぎをいため、しんなりしたらAを加える。**油がなじむまで**1〜2分いため、ブルグルを加えていため合わせる。

→ ブルグルは乾燥したまま加える。事前に蒸す必要なし！

2 煮る

Bを加え、煮立ったら火を弱め、**ときどきまぜながら水分がなくなるまで5分ほど煮る。ふたをして火を止め、10分ほど蒸らす。**

ブルグルは**ひき割り小麦**。ツブツブ食感が新鮮なピラフです

材料MEMO

ブルグル

トルコの国民食のひとつ。クスクスに似ていますが、小麦粉を粒状にしたクスクスとは違って、小麦そのものをひき割りにしたものです。全粒小麦を使っているので食物繊維が豊富。サラダに利用するときは、熱湯をかけて4〜5分蒸らして使います。

PART2 世界一周レシピ　トルコ

フムス

調理時間 20分

■ 材料（4人分）

ひよこ豆（水煮缶）……………1缶（400g）
A
- ねり白ごま……………大さじ3
- レモン汁……………………大さじ1
- にんにくのすりおろし…小さじ1
- 塩………………………………小さじ1/4

B
- パプリカパウダー、パセリ（ドライ）
　　　　　　　　　　　　………各適量

オリーブ油………………………適量
パンやクラッカーなど…………適量

■ 作り方

1 ひよこ豆を煮る
ひよこ豆は缶汁をきってなべに入れ、ひたひたの水を加えて強火で煮立てる。皮が浮いてくるくらいまでゆで、ざるに上げ、ゆで汁はとっておく。

→ ゆでておくと缶詰くささがなくなる

2 裏ごしして調味する
1のざるにボウルを当て、ゴムべらなどで裏ごしする。Aを加えてまぜ合わせ、最後にオリーブ油大さじ2を加えてなめらかになるまでまぜる。かたいようならゆで汁を加える。

→ 少しずつざるの編み目にこすりつけるようにするのがコツ。ざるに残った皮は捨てる

3 盛りつける
器に2を平らに盛りつけ、スプーンでくぼみを作り、オリーブ油を適量流し入れる。Bを彩りよく散らし、パンやクラッカーを添える。

お皿に平らに盛りつけるのがアラブ流！エキゾチックなひよこ豆のペーストです

材料MEMO
タヒニ

今回は日本のねり白ごまを使用しましたが、本来フムスには、トルコの白ごま・タヒニのペーストを使います。タヒニは生の白ごまをすりつぶしているので、いってから作る日本のねりごまと違い、香ばしさはありませんが、生のごまの風味が濃厚。

73

ロシア
Russian Federation

キャベツときのこのクレビャーカ

調理時間 30分

■材料（4〜6人分）

キャベツ	1/4個（200g）
しめじ	100g
まいたけ	100g
玉ねぎ	1/2個
A　クリームチーズ	50g
塩	小さじ1/4
あらびき黒こしょう	少々
クレビャーカのパイ生地（下記参照）	全量
とき卵	大さじ1
（生地を作るときにとり分けておいた分）	
オリーブ油	大さじ1

■準備
- キャベツは細切りにする。
- しめじ、まいたけは食べやすくほぐす。
- 玉ねぎは薄切りにする。

■作り方

1　具を作る
フライパンにオリーブ油を熱し、準備した野菜、きのこを入れてふたをし、弱火で蒸し煮にする。しんなりしたら**ふたをとって水分がとぶまで**よくいため、Aを加えてよくまぜる。

水分が残っていると、焼き上がりに水けが出てしまう

2　パイ生地で包む
クッキングシートにパイ生地をのせ、めん棒で**25cm角**くらいにのばす。1をまん中に細長くこんもりとのせ、周囲の生地に斜めに**2cm幅の切り込み**を入れ、**編み込む**ようにして全体を包む。

切り込みの幅をそろえるときれいな仕上がりに！

3　焼く
全体に**とき卵を塗り**、180度に予熱したオーブンで20分ほど焼く。

切り込みを入れた生地を左右互い違いにかぶせていけばOK

本来発酵させて作る生地を、発酵なしの簡単アレンジに！

クレビャーカのパイ生地

■材料（クレビャーカ1個分）

A　強力粉	100g
薄力粉	50g
ベーキングパウダー	小さじ1
砂糖	大さじ1
塩	小さじ1/8
プレーンヨーグルト	大さじ3
とき卵	1個分
サラダ油	大さじ1

■作り方

1 ボウルにAを入れてよくまぜ、ヨーグルト、とき卵（クレビャーカの仕上げ用に大さじ1をとり分ける）、サラダ油を加えて菜箸でまぜる。

2 全体に水分が行き渡ったら、手でなめらかになるまでこねる。

PART2 世界一周レシピ　ロシア

Yummy's notes

ロシアでは、伝統的にコンロよりもオーブンが使われていました。そのためローストなどの焼き物が主で、煮込み料理もなべごとオーブンに入れて作ります。調理法はとてもシンプルで、基本の味つけも塩とこしょうがメイン。だから日本の家庭でも作りやすいです。

熱々を目の前で切り分けてサーブ！ おもてなしの**メインディッシュ**にもなるロシアの**伝統的パイ料理**です

Federation

Russian Federation

ロシアの典型的な**家庭料理**です。サワークリームをのせてバターライスを添えれば、まさにロシアの味に！

牛肉の煮込み

調理時間 **15分**

■ 材料（4人分）

牛切り落とし肉	300g
塩	小さじ1/4
あらびき黒こしょう	少々
薄力粉	大さじ2
玉ねぎ	1/2個
セロリ	1/2本
A トマト缶（カットタイプ）	1/2缶（200g）
トマトケチャップ	大さじ2
塩	小さじ1/4
あらびき黒こしょう	少々
ローリエ	1枚
サラダ油	大さじ2

■ 準備
- **牛肉**は2cm幅に切り、**塩**、**黒こしょう**を振って**薄力粉**をまぶす。
- **玉ねぎ**、**セロリ**は薄切りにする。

■ 作り方

1 材料をいためる
フライパンにサラダ油、玉ねぎ、セロリを入れて火にかけていためる。**茶色く色が変わったら**、牛肉を加えてさっといため合わせる。

→ 少し焦げたかな、と感じるくらいまでしっかりいためて！

2 煮る
肉の色が変わったら**A**を加え、**汁けがとぶまで**2～3分いためる。水1.5カップを加えて**とろみがつくまで**煮る。器に盛り、あればパセリのみじん切りを散らす。

→ 底のほうが焦げそう、というくらいまで水分をとばすことが大事

PART2 世界一周レシピ ロシア

サラート・オリヴィエ

調理時間 25分

■材料（4〜6人分）

鶏胸肉		100g
A	塩	小さじ1/8
	白ワイン（または酒）	小さじ1
じゃがいも		2個（約200g）
にんじん		1/4本
さやいんげん		3本
B	玉ねぎ	1/8個
	ピクルス（コルニッション）	3本
	ロースハム	2枚
	ゆで卵	1個
	酢	小さじ1
	砂糖	小さじ1/2
塩		小さじ1/4
マヨネーズ		大さじ4
あらびき黒こしょう		少々
とびっこ		適量
ディル（生）		適量

■準備

- 鶏肉は皮を除く。
- じゃがいも、にんじんは1cm角に切る。
- いんげんは1cm長さに切る。
- 玉ねぎはみじん切りに、ピクルス、ハム、ゆで卵はあらみじんに切る。

■作り方

1 クッキングシートで包む
鶏肉はクッキングシートにのせて**A**をまぶし、上部、左右を**折りたたんで包む**。クッキングシートをもう1枚用意し、じゃがいも、にんじん、いんげんをのせ、塩をまぶし、同様に包む。

2 蒸す
フライパンに**水を1cm深さくらい**まで入れ、キッチンペーパーを敷いて皿をのせ、火にかける。**沸騰したら**皿の上に**1**をのせてふたをし、**弱火で**12〜15分蒸し、あら熱をとる。

3 あえる
鶏肉をさいの目に切り、野菜とともにボウルに入れ、**B**を加えてあえる。**よくまざったら**マヨネーズを加えてあえ、黒こしょうも加える。器に盛り、とびっこ、ディルを飾る。

水の量は、皿に入らないくらいまでが目安。もちろん蒸し器を使ってもOK

とびっこはイクラに、ディルはパセリなど緑のハーブにチェンジしても

宮廷料理人・オリヴィエさんのレシピが発祥といわれる**鶏胸入り**のロシア風ポテトサラダ

中国

People's Republic of China

汁なし担担麺

調理時間 **15分**

■材料（2人分）

中華生めん	2玉
豚ひき肉	50g
高菜漬け	30g
ねぎ	1/2本
A　酒	大さじ1
みそ	小さじ2
砂糖	小さじ1/2
B　ラー油	大さじ1
しょうゆ	大さじ1
ねり白ごま	大さじ1
いり白ごま	小さじ2
酢	小さじ2
五香粉	小さじ1/2
湯	大さじ2
サラダ油	小さじ1
ピーナッツ（砕いたもの）	適量
万能ねぎの小口切り	適量

■準備

- 高菜漬けはみじん切りにする。
- ねぎはあらみじんに切る。
- Bはまぜ合わせる。

■作り方

1 材料をいためる
フライパンにサラダ油を熱し、ひき肉を入れて軽く**焼き色がつくまで**いためる。Aを加えていため合わせ、全体になじんだら高菜、ねぎを加えて香りが立つまでいためる。

→ ひき肉はよくいためると、余分な水分が抜けて香ばしさが引き立つ

2 めんをゆでる
なべに湯を沸かし、めんを入れて袋の表示時間どおりにゆで、ざるに上げ、湯はとっておく。めんを流水にさらし、なべの**湯に戻し入れてあたため直し**、よく湯をきる。

→ めんのぬめりを水で落としてから、再びあたためるのがコツ

3 あえる
Bを加えて**からめ**、器に盛る。1 をのせ、ピーナッツ、万能ねぎを散らす。

→ 全体に味がからむようによくまぜること！

材料MEMO

五香粉（ウーシャンフェン）
担担麺の香りの要となるのが花椒と八角。それにチンピやシナモン、クローブを加えたミックススパイスが五香粉です。特に、中国山椒・花椒の香りと辛みは欠かせません。これを加えることで一気に本格的な中華の味に。

PART2 世界一周レシピ 中国

Yummy's notes

一般に「北京料理」「四川料理」「上海料理」「広東料理」が中国四大料理としてよく知られています。いずれも食材や調理法が多彩で、その味わいは世界中で愛されています。日本では、酢豚や回鍋肉（ホイコーロー）など、家庭料理の定番として定着しているおなじみの料理がたくさんあります。

本場・四川では"汁なし"が王道！ **ねりごま**と**ラー油**で手軽に作れるアレンジ版です

インド
India

チキンティッカ

調理時間 **30分**
（つける時間を除く）

■材料（4人分）

鶏もも肉	2枚
塩	小さじ1/2
A プレーンヨーグルト	1/2カップ
レモン汁	大さじ1
にんにくのすりおろし	小さじ2
しょうがのすりおろし	小さじ1
カレー粉	大さじ1
パプリカパウダー（あれば）	小さじ1
バター	20g

■準備

・鶏肉は食べやすい大きさに切る。
・バターは電子レンジで20秒ほど加熱してとかす。

■作り方

1 鶏肉に下味をつける
鶏肉はポリ袋に入れて塩をもみ込み、**A**を加えて全体になじむまで**さらにもみ**、30分以上つける。

2 鶏肉にバターを塗る
オーブントースターの**トレーにアルミホイル**を敷き、鶏肉のつけだれを**軽くぬぐって皮を上にして並べ**、とかしたバターを塗る。

3 焼く
予熱したオーブントースターで15分ほど焼き、上下を返してさらに5分ほど焼く。器に盛ってあればパクチーを添える。

よくもみ込むことで味がなじみ、鶏肉もしっとりジューシーに

トレーが浅くて肉汁があふれそうなら、耐熱容器に入れて焼いても

オーブンで焼く場合、170度に予熱し、20分ほど焼く

PART2 世界一周レシピ　インド

Yummy's notes　広大なインドでは、地域、民族、宗教などによって料理もさまざま。大きくは、北インド料理、南インド料理に分けられます。北の代表料理は日本でもよく知られるタンドリーチキン、バターチキン、ナンなど。南インドは米が主食で、ベジタリアンが多いため、ココナッツオイルなど植物性の油を使った野菜や豆の料理が多いのが特徴です。

タンドール釜で焼く、北インドの料理を**オーブン焼きで**。タンドリーチキンの**一口サイズ版**

India

チャナマサラ

調理時間 **20分**

■ 材料(4人分)

ひよこ豆(水煮缶)	1缶(400g)
玉ねぎ	1個
しょうが	2かけ
にんにく	2かけ
トマト缶(カットタイプ)	1/2缶(200g)
A シナモンスティック	1本
A クミンシード	小さじ2
B カレー粉(市販)	大さじ1
B あらびき黒こしょう	小さじ1
B 塩	小さじ1/2
レモン汁	大さじ1
塩	適量
サラダ油	大さじ2

■ 準備
- ひよこ豆は缶汁をきる。
- 玉ねぎはあらみじんに切る。
- しょうが、にんにくはすりおろす。

■ 作り方

1 ホールスパイスをいためる
フライパンにサラダ油を熱し、Aを香りが立つまでいためる。

香ばしく色づいてくるまでが目安

2 ペーストを作る
玉ねぎ、しょうが、にんにくを加えてしんなりするまでいためる。香りが立ったらトマトを加えて**水分がとぶまでいため**、Bを加えてまぜる。

3 煮る
ひよこ豆、水1カップを加え、ふたをして**油が浮いてくるまで**10分ほど煮る。仕上げに**レモン汁を加え**、味をみて塩を加える。

→ レモン汁で酸味をつけると味がまとまる

市販品とはひと味違う自分だけのカレー粉作りにトライ！
パウダースパイスを好みの香りにブレンドするだけ

オリジナルカレー粉

■ ブレンド方法
初めからいろいろとスパイスをまぜてしまうとわからなくなるので、まずはクミン、コリアンダー、ターメリックを同量の割合で紙コップなどにまぜ合わせ、これに好みのスパイスを1種類ずつ加えてまぜる。

少量でも香りが変化するので、香りを確かめながら加えて！

ブレンドしたら、保存びんに詰めて冷暗所で保存。すぐに使うのではなく、1週間ほど熟成させてから使う。

■ カレースパイスの特徴

- **クミン**
  → 主なカレーの風味
- **コリアンダー**
  → とろみとコク、ほのかな塩味
- **ターメリック**
  → 色みと香り、ほろ苦さ
- **フェヌグリーク**(「フェネグリーク」とも)
  → メープルシロップのような香りと苦み
- **シナモン**
  → 甘い風味
- **パプリカ**
  → 甘ずっぱさとほろ苦さ&色み

上段・左からターメリック、クミン、フェヌグリーク、パプリカ。
下段・左からコリアンダー、レッドペッパー、カルダモン、シナモン。

PART2 世界一周レシピ インド

"チャナ"はひよこ豆、"マサラ"は混合スパイスのこと。動物性の食材を使わないベジカレーです

India

"トーレン"は野菜の蒸しいためのこと。ココナッツで南インド風に。南インドを旅して最もハマった料理です

ミックス野菜のトーレン

調理時間 15分

■材料（4人分）
- なす ······················· 3個
- ピーマン ··················· 2個
- 玉ねぎ ····················· 1/2個
- しょうが ··················· 2かけ
- A
  - サラダ油（あればココナッツ油） ··············· 大さじ2
  - ブラウンマスタードシード（p.108参照） ········· 小さじ1
  - 赤とうがらし ··············· 1本
- B
  - ココナッツファイン ········· 大さじ4
  - カレー粉 ··················· 小さじ1
- 塩 ························· 小さじ1/2

■準備
- なすは縦半分に切ってから斜め薄切りにする。
- ピーマンは縦半分に切り、横に5mm幅に切る。
- 玉ねぎは縦に薄切りにする。
- しょうがはせん切りにする。

■作り方

1 スパイスをいためる
フライパンにAを入れて火にかけ、パチパチとはじけてきたら、しょうがを加えて香りが立つまでいためる。

はじけて油がはねるときはふたをして

2 野菜を加えていためる
なす、ピーマン、玉ねぎ、塩を加えていため合わせ、しんなりしたら、Bを加えていためる。

3 ふたをして蒸しいためする
ふたをし、弱火で5分ほど、野菜がくたくたになって味がなじむまで、蒸しいためにする。味をみて塩少々（分量外）でととのえる。

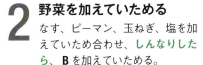
→ 野菜の水分がとんで風味が凝縮するのでうまみがアップ！

材料MEMO
ココナッツファイン

ココナッツの果肉をこまかな粒状にして乾燥させたもの。ほんのりと甘く、日本では製菓材料として売られていることが多いですが、南インドではお菓子のほか、いため物などの料理にも使用します。

PART2 世界一周レシピ　インド

とうがんのサンバル

調理時間 **20分**

■材料（4人分）

とうがん	1/8個（約300g）
オクラ	6本
玉ねぎ	1/2個
トマト	1個
梅干し	2個
レンズ豆（水煮缶）	1缶（400g）
A カレー粉	大さじ1
塩	小さじ1
B サラダ油	大さじ1
ブラウンマスタードシード（p.108参照）	小さじ1
赤とうがらし	1本
サラダ油	大さじ2

■準備

・とうがんは皮を厚めにむいて、2〜3cm角に切る。
・オクラは長さを3等分に切る。
・玉ねぎ、トマトは2cm角に切る。
・梅干しは種を除いてたたく。

■作り方

1 玉ねぎ、トマトをいためる
なべにサラダ油を熱し、玉ねぎを入れて油がなじむまでいためる。トマトを加えて**水分がとぶまで**いため、**A**を加える。
→トマトの水分がとんで、とろみが出てくるのが目安

2 煮る
レンズ豆を**缶汁ごと**、水2カップ、とうがんを加え、ふたをし、とうがんがやわらくなるまで5分ほど煮る。オクラと梅干しを加え、**火が通るまで**煮る。
→長く煮るととろみがつき、短いとさらりと仕上がる。好みのかげんでOK

3 スパイスをいためて加える
フライパンに**B**を入れてふたをし、火にかけてパチパチと**はねなくなるまで**加熱する。**熱いうちに2**に加えてまぜ、味をみて塩少々（分量外）を加える。
→ジャッという音がして油がはねるので注意を！

材料MEMO
タマリンド

タマリンドというマメ科の果肉をペーストにしたもので、インド料理やタイ料理のコクと酸味をつけるのに欠かせません。本来、この料理にも使いますが、手に入りにくいので、強い酸味とフルーティーな香りがよく似ている梅干しで代用するのがおすすめ！

南インドの"みそ汁"的存在！野菜と豆の**スパイシースープ**です。好みの野菜で作ってもOK

Kingdom of Thailand

ガイ・パット・ガパオ

調理時間 **20分**

■材料（4人分）

鶏胸肉 …………………… 2枚
玉ねぎ …………………… 1/4個
A ┌ にんにく ………………… 6かけ
　└ 赤とうがらし ……………… 6本
B ┌ ナンプラー ……………… 大さじ2
　├ オイスターソース ……… 大さじ2
　└ 砂糖 …………………… 小さじ2
バジルの葉 ………………… 20枚
サラダ油 ………………… 大さじ2
あたたかいごはん ……… 茶わん4杯分

■準備

・玉ねぎはあらみじんに切る。

材料MEMO

ナンプラー

タイ料理には欠かせない調味料。いわしを塩づけして発酵熟成させたもので、独特の香りと塩味に加えて、強いうまみがあります。いつものいため物やスープにひと振りするだけで、タイ風のおかずに変身します。

■作り方

1 鶏肉を切る
鶏肉は皮を除き、**こまかく切る**。

2 Aをたたいてつぶす
厚手のポリ袋にAを入れて口を閉じ、めん棒で**たたいてつぶす**。

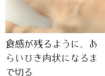
食感が残るように、あらいびき肉状になるまで切る

赤とうがらしは、種ごと使うのがタイ式。にんにくはみじん切りよりも、たたくほうがにおいがマイルドに！

3 いためる
フライパンにサラダ油、玉ねぎ、2を入れていため、香りが立ったら1を加えてほぐしながらいためる。肉の色が変わったらB、**水1/4カップ**を加えてまぜ、全体に味がなじんだらバジルを**ちぎって**加え、火を止める。ごはんとともに器に盛り、好みでバジルを飾る。

→水を加えるのは、調味料を全体に行き渡らせるため

PART2 世界一周レシピ タイ

Yummy's notes

タイらしい味は、基本的に「辛み」「酸味」「甘み」「塩味」「うまみ」の5つの味で構成されています。生のスパイスやにんにくを使ったペーストを味のベースにすることが多く、これに、レモングラスやパクチーなどを加えて香り高く仕上げるのが特徴。地域によっても特色があり、辛くない料理もたくさんあります。

"ガイ"は鶏肉、"パット"はいためる、"ガパオ"はバジル。**鶏肉のバジルいため**です。豚肉やシーフードで作ってもおいしい

Kingdom of Thailand

にんじんのソムタム

調理時間 15分

■ 材料（4人分）

にんじん……………… 1本（約200g）
さやいんげん…………………… 8本
ミニトマト ……………………… 4個
ピーナッツ（食塩無添加。
　なければ塩味でもOK）……… 大さじ2
A ┌ にんにく ………………… 1かけ
　└ 赤とうがらし ……………… 2本
B ┌ さくらえび ……………… 大さじ1
　│ ナンプラー ……………… 小さじ2
　│ レモン汁 ………………… 小さじ2
　└ 砂糖 ……………………… 小さじ1
サニーレタス …………………… 1枚

■ 準備

- にんじんはせん切りにする。
- いんげんは熱湯で30秒ほどゆで、水けをきって3cm長さに切る。
- ミニトマトは縦半分に切る。
- ピーナッツは薄皮をむいてフライパンでからいりする。

■ 作り方

1 つぶしながら調味する
厚手のポリ袋にAを入れて口を閉じ、めん棒でたたく。しっかりつぶれたら、B、にんじん、いんげん、ピーナッツの半量を加えて味がなじむまでたたく。

2 ミニトマトを加える
ミニトマトを加え、軽くつぶれる程度にたたきながらまぜ合わせる。器にサニーレタスを敷いて盛り、残りのピーナッツをのせる。

全体をムラなくたたくと味がよくなじむ

ガイヤーン風チキンソテー

調理時間 35分

■ 材料（4人分）

鶏もも肉 ……………… 大2枚（約600g）
A ┌ にんにく ………………… 1かけ
　└ パクチーの根（あれば）……… 1株分
B ┌ ナンプラー ……………… 大さじ1
　│ オイスターソース ……… 小さじ2
　└ 砂糖 ……………………… 小さじ2
サラダ油 ………………………… 大さじ1

■ 準備

- 鶏肉は余分な脂を除き、厚みに切り込みを入れて開き、厚みを均一にして筋切りする。
- Aはそれぞれ包丁の腹でつぶす。

■ 作り方

1 味をなじませる
ポリ袋にA、B、鶏肉を入れてよくもみ込み、室温に15分ほどおく。

→ ひと晩おくと、よりしっかり味がしみておいしい！

2 焼く
フライパンにサラダ油を入れて火にかけ、油が冷たいうちに鶏肉を皮を下にして並べ入れ、しっかり焼き色がつくまで焼く。フライパンの汚れをふき、上下を返してふたをし、弱火で5分ほどじっくり焼く。食べやすく切って器に盛り、あればパクチーを添える。

→ 炭火焼きのイメージで、少し強めの焼き色をつける

PART2 世界一周レシピ　タイ

本来は青いパパイヤの料理です。材料を"突いて"作る本場のレシピをめん棒でたたく簡単レシピにアレンジ！

"ヤーン"はあぶり焼きのこと。今回はフライパンで焼き色をつけて炭火焼き風に！

Kingdom of Thailand

"ヤム"はあえる、"ウンセン"ははるさめ。コシのあるタイ産はるさめがおすすめ。あたたかいまま食べる料理

ヤム・ウンセン

調理時間 15分

■材料（4人分）

はるさめ	40g
きくらげ（乾燥）	4枚
玉ねぎ	1/4個
セロリ	1/2本
万能ねぎ	2本
冷凍シーフードミックス	100g
豚ひき肉	100g
A　ナンプラー	大さじ1.5
レモン汁	大さじ1
砂糖	小さじ2
一味とうがらし	小さじ1/4
パクチーのざく切り	適量

■準備

- はるさめ、きくらげはそれぞれ水につけて、包丁で切れる程度にもどし、食べやすく切る。
- 玉ねぎは縦に薄切りにする。
- セロリは斜め薄切りにする。
- 万能ねぎは4cm長さに切る。

■作り方

1 シーフード、ひき肉をゆでる
なべに湯を沸かし、火を弱めて凍ったままのシーフードミックスを入れ、再び軽く煮立ったらひき肉を加え、アクをとりながらゆでる。
→グラグラ煮立てるとかたくなるので、表面がフツフツするくらいの火かげんで

2 はるさめ、きくらげを加える
全体にほぼ火が通ったら、はるさめ、きくらげを加えてやわらかくなるまでゆで、ざるに上げてしっかり湯をきる。
→野菜以外はひとつのなべで一緒にゆでる

3 あえる
ボウルにAを入れてまぜ、玉ねぎ、セロリ、万能ねぎ、2を加えてあえる。器に盛り、パクチーを飾る。
→Aは砂糖がとけるまでよくまぜて

PART2 世界一周レシピ タイ

⏰ 調理時間
40分
（鶏肉を冷めるまでおく時間は除く）

カオマンガイ

■ 材料（2人分）

米	225g（1.5合）
鶏もも肉	1枚
パクチーの根	2株分

※パクチーの根がない場合は、皮つきしょうがの薄切り2かけ分を使う。

にんにく	2かけ

A
- ナンプラー……大さじ2
- 砂糖……小さじ1
- 水……3カップ

B
- みそ……大さじ1
- しょうがのすりおろし……小さじ2
- 砂糖……小さじ1
- 一味とうがらし……小さじ1/4
- ごま油……大さじ1
- 水……大さじ2

パクチーのざく切り……適量

■ 準備
・米は洗ってざるに上げる。
・パクチーの根、にんにくは包丁の腹でつぶす。

鶏肉をゆでた汁でごはんを炊いて残ったゆで汁でスープを作る、三度おいしい**タイ風チキンライス**です

■ 作り方

1 鶏肉をゆでる
なべに**A**、パクチーの根、にんにく、鶏肉を皮を下にして入れ、火にかける。煮立ってきたら**弱火にして**10分ほどゆでる。火を止め、ふたをして**冷めるまでおく**。

ゆで汁につけたまま冷ますことで、余熱でゆっくり火が通り、しっとり仕上がる

2 米を炊く
炊飯器に米を入れ、**1のゆで汁**を目盛りまで注ぎ入れて炊く。

残ったゆで汁は塩・こしょうで好みのかげんに調味し、パクチーを散らせばおいしいスープに！

3 盛る
器にごはんを盛り、鶏肉を**1cm幅**に切ってのせる。**B**をまぜたたれをかけ、パクチーを添える。

ベトナム

Socialist Republic of Viet Nam

バイン・コット

調理時間 **30分**

■材料（直径5cm・12個分）
- 豚ひき肉 …………………… 100g
- むきえび …………………… 6尾
- にんにく …………………… 1かけ
- A
  - 薄力粉 …………………… 100g
  - 米粉 ……………………… 30g
  - ココナッツミルクパウダー … 50g
  - ターメリックパウダー … 小さじ1
  - 塩 ………………………… 小さじ1/4
  - 水 ………………………… 1 1/4カップ
  - 万能ねぎの小口切り … 1/2カップ
- 塩、こしょう ……………… 各少々
- サラダ油 …………………… 適量
- サニーレタス、青じそ、パクチー、
  ミントなど ………………… 適量
- ヌクチャム（下記参照）…… 適量

■準備
- ボウルにAを入れて泡立て器でよくまぜて生地を作る。
- むきえびは半分に切る。
- にんにくはみじん切りにする。

■作り方

1 具をいためる
フライパンにサラダ油大さじ1を熱し、にんにくをさっといため、えびを加えていため合わせ、とり出す。同じフライパンでひき肉をいため、塩、こしょうを振る。

2 型に入れる
ココットなど小型の耐熱容器にアルミカップを敷き、1個ずつサラダ油小さじ1/2を塗り、準備した生地を大さじ2ずつ注ぎ、1を等分にのせる。

3 焼く
オーブントースターに入れ、生地の縁がこんがりするまで20分ほど焼く。型から出して、野菜とともに器に盛り、ヌクチャムを添える。

アルミカップを敷いておくととり出しやすい

焼き上がりの確認は、竹ぐしを刺して、生地がついてこなければOK

生春巻きやバインセオ、焼き肉などにも使われるベトナムで最もポピュラーなソースです

万能だれ・ヌクチャム

■材料（1/2カップ分）
- にんにくのみじん切り …… 小さじ1
- ナンプラー、レモン汁、水
  …………………………… 各大さじ2
- 砂糖 ………………………… 大さじ1
- 一味とうがらし …………… 小さじ1/4

■作り方
すべての材料をボウルに入れ、砂糖がとけるまでまぜ合わせる。

PART2 世界一周レシピ ベトナム

Yummy's notes

ベトナム料理は、中国やフランスの植民地だったことから、両国の影響を色濃く受けながら独自の発展をしてきました。米食文化なので、代表的なめん・フォーや春巻きの皮なども小麦ではなく、米から作られます。調味料では魚醤・ヌクマムが欠かせません。ほかのアジアの料理と違い、辛い料理はあまりありません。

たっぷりの香味野菜で包み、ヌクチャムをつけながら食べるのがベトナム流。ココナッツの香りがクセになります

韓国
Republic of Korea

カクテキ

調理時間 **15分**（つける時間は除く）

■ 材料（4人分）
- 大根 ……………… 1/2本（約500g）
- 塩 ………………… 小さじ2
- A
  - にんじん ……… 1/4本（約50g）
  - にら …………… 1/4束（約25g）
  - ナンプラー …… 小さじ2
  - にんにくのすりおろし … 小さじ1
  - しょうがのすりおろし … 小さじ1
  - はちみつ ……… 大さじ1
  - 砂糖 …………… 小さじ1
  - 一味とうがらし
    （あれば、韓国産のあらびきとうがらし）
    ………………… 小さじ2

■ 準備
- 大根は2cm角に切る。
- にんじんは3cm長さの細切りにする。
- にらは3cm長さに切る。

■ 作り方

1 大根の下ごしらえ
大根は塩を振り、水けが出てきて**やわらかくなるまで**もみ込む。

2 つける
大根を水洗いして**水けをよくきり**、ボウルに入れる。**A**を加えて**もみ込むようにして**全体をまぜる。ポリ袋などに入れて、味がなじむまで3時間ほどおく。

ユッケジャンクッパ

調理時間 **25分**

■ 材料（4人分）
- 牛切り落とし肉 ……………… 150g
- 砂糖 ……………………… 小さじ2
- A
  - ナンプラー ……… 大さじ3
  - ごま油 …………… 大さじ2
  - コチュジャン（市販）…… 大さじ1
  - にんにくのすりおろし … 小さじ2
  - しょうがのすりおろし … 小さじ1
  - 一味とうがらし ………… 小さじ1/2
- もやし（あれば豆もやし）… 1袋（約200g）
- にんじん …………… 1/4本（約50g）
- しいたけ ……………………… 4個
- にら ………………… 1/4束（約25g）
- 卵 ……………………………… 2個
- あたたかいごはん ……………… 400g
- いり白ごま …………………… 適量

■ 準備
- 牛肉は食べやすく切る。
- にんじんは1cm幅の短冊切りにする。
- しいたけは軸を切り、笠は薄切りに、軸はこまかく裂く。
- にらは4cm長さに切る。
- 卵はときほぐす。

■ 作り方

1 牛肉に下味をつける
ポリ袋に牛肉、砂糖を入れてもみ込んでから、**A**を加えてもみ込む。

→ 砂糖の保水力で肉がやわらかく仕上がる

2 電子レンジで加熱する
耐熱ボウルにもやし、にんじん、しいたけの**順に重ね**、牛肉を**つけ汁ごと**入れて広げ、ラップをかけて電子レンジで5分加熱する。水4カップを注ぎ、にらを加えてまぜる。再びラップをかけて電子レンジで8分加熱する。

肉を上にして加熱すると、野菜から出る蒸気でやわらかくなる

3 とき卵を回し入れる
熱いうちにとき卵を回し入れ、器に盛ったごはんにかけ、ごまを振る。

→ 熱々に入れること！卵はかきまぜすぎると固まらない

PART2 世界一周レシピ 韓国

Yummy's notes

伝統的に薬食同源の精神が根づいており、食が重要視されています。食堂ではキムチやナムルなどの小さなおかず類は無料で、おかわりも自由！ 味つけの基本は薬念（ヤンニョム）と呼ばれるさまざまな合わせ調味料で、肉の下味、チヂミのたれ、キムチの味つけなど多くの料理に使われます。

いため物や煮物、ユッケジャンクッパやビビンバ、チヂミなど、ほとんどの韓国料理で活躍します。

まぜるだけコチュジャン

■材料（1/2カップ分）
- 甘酒（2倍濃縮タイプ）……100g
- 韓国産甘口とうがらし（細びき）
　　　　　　　　　　……大さじ2
- みそ……大さじ2
- しょうゆ……小さじ1
- みりん……小さじ1

■作り方

すべての材料をボウルに入れ、なめらかになって、つやが出てくるまで泡立て器でよくまぜる。

つけ込み3時間でできちゃう**大根のキムチ**です

具だくさんのスープをごはんにかけて食べる韓国風の雑炊です。電子レンジで簡単に作れるレシピにアレンジ！

おうちで世界のお菓子

お菓子

"ナランハ"はオレンジのこと。スペイン人の友人のおばあちゃんから現地で習った素朴なクッキーです

スペインの
ロスコス・デ・ナランハ

調理時間 **30分**

■材料（16個分）

A
- 卵 …………………………… 1個
- オレンジジュース …… 1/4カップ
- グラニュー糖 ………… 1/2カップ
- オリーブ油 …………… 1/4カップ

- 薄力粉 ……………………… 3カップ
- ベーキングパウダー ……… 小さじ1
- オレンジジュース ……… 1/2カップ
- グラニュー糖 ………………… 適量

■準備
・オーブンの天板にクッキングシートを敷く。

トースターで焼く場合
オーブントースターのトレーにアルミホイルを敷いて2を並べ、予熱したトースター（1000W）で10分ほど焼く。途中焦げそうなときはアルミホイルをかぶせる。

■作り方

1 Aをまぜる
ボウルに卵を入れて泡立て器で**よくときほぐし**、オレンジジュース、グラニュー糖、オリーブ油を**順にまぜる**。

2 生地を作る
薄力粉、ベーキングパウダーを加え、ゴムべらでまぜる。なじんだら手で**数回こねて生地をまとめ**、16等分してひも状にのばす。端と端を合わせて輪にし、ドーナッツ状に成形する。

手にくっつかなくなるまでまぜる。ベタベタする場合は、オリーブ油を足して

3 焼いてジュースにひたす
準備した天板に並べ、170度に予熱したオーブンで12分焼く。あら熱をとって**オレンジジュースにひたし**、グラニュー糖をまぶして冷ます。

オレンジジュースは100％のストレートタイプがおすすめ

特別な材料や道具を使わずに、
おうちのキッチンですぐに作れるものばかり！
料理教室やブログで特に人気の高いレシピをご紹介します。

"オスト"はチーズ、"カーカ"は焼き菓子の意味。焼きたてを食べる**チーズケーキ**です。スフレのように**スプーン**でとり分けてどうぞ！

スウェーデンの
オストカーカ 🇸🇪

調理時間 25分

■材料（4〜6人分・容量約600mlの耐熱容器1個分）

卵	2個
砂糖	大さじ2
A 薄力粉	大さじ2
アーモンドパウダー	大さじ4
カッテージチーズ（粒タイプ）	200g
生クリーム	1/2カップ
バニラオイル	適量
好みのベリージャム	適量

■作り方

1 生地を作る
ボウルに卵を割りほぐし、砂糖を加えてとけるまでまぜ、Aを加えてさらによくまぜる。全体になじんだら生クリーム、バニラオイルを加えてまぜる。

→ カッテージチーズの粒は残っていてOK

2 焼く
耐熱容器にバター（分量外）を塗り、1を注ぎ入れる。180度に予熱したオーブンで20分焼く。

3 仕上げる
スプーンですくって器に盛り、好みのベリージャムをかける。

SWEETS

97

Pick-up!

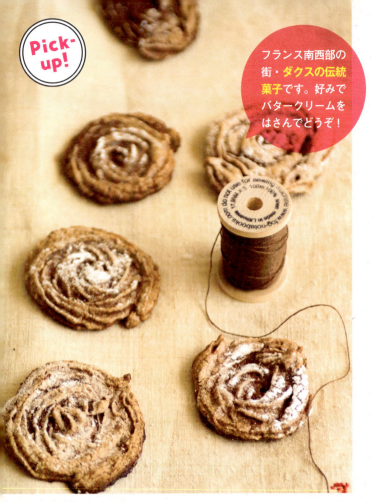

フランス南西部の街・ダクスの伝統菓子です。好みでバタークリームをはさんでどうぞ！

フランスの
チョコレートダコワーズ 🇫🇷

⏰ 調理時間 **35分** （冷ます時間は除く）

■ 材料（直径5cm・20個分）

A ┌ アーモンドパウダー……………50g
　└ ココアパウダー、薄力粉………各大さじ1
卵白……………………………………2個分
粉砂糖…………………………………50g

■ 作り方

1. **A**はボウルに入れ、泡立て器でまぜる。別のボウルに卵白を入れ、粉砂糖を3回に分けて加えながら**角が立つ**まで泡立てる。**A**を加えて**泡をつぶさないように**ゴムべらでまぜる。

2. オーブントースターのトレーにクッキングシートを敷き、1をしぼり出し袋に入れて好みの形に**しぼり出す**。粉砂糖（分量外）を茶こしで2回に分けて振りかける。

3. 予熱したオーブントースターで2分ほど焼き、焼き色がついたら**アルミホイルをかぶせ**、13分ほど焼く。そのまま15分おいて**余熱で火を通し**、冷ます。

イタリアの
チーズジェラート 🇮🇹

⏰ 調理時間 **25分** （冷やす時間は除く）

■ 材料（2〜3人分）

A ┌ 生クリーム…………………… 1/2カップ
　└ グラニュー糖………………… 大さじ1
カッテージチーズ（裏ごしタイプ）……… 1/2カップ

■ 作り方

1. **A**はボウルに入れ、泡立て器で**とろりとする**まで泡立てる。

2. カッテージチーズはキッチンペーパーで包んで水けをしぼり、1に加えて泡立て器でなめらかになるまでまぜる。

3. バットなどに流し入れて平らにならし、ラップをかけて冷凍室で1時間冷やす。**とり出してスプーンでかきまぜ**、再度平らにならしてラップをかけ、さらに1時間ほど冷やし固める。

イタリア人が大好きな**アイスクリーム**！**カッテージチーズ**で作るヘルシータイプです

Pickup! おうちで世界のお菓子&パン

フライパンで手軽に作れるワッフルです。おなじみの形でなくても、味も香りもちゃんとワッフル！

ベルギーの
ベルギーワッフル

⏰ 調理時間 **40分**

■材料（直径5cm・10個分）

- A
  - 薄力粉 …………… 120g
  - 強力粉 …………… 65g
  - グラニュー糖 …… 大さじ1
  - ドライイースト … 小さじ1/2
- B
  - バター …………… 100g
  - 牛乳 ……………… 1/4カップ
- 卵 ………………………… 1個
- ざらめ糖 ……………… 大さじ4

■準備
・Aはボウルに入れ、泡立て器でよくまぜる。
・卵は割りほぐす。

■作り方

1 生地を作る
耐熱容器にBを入れ、ラップなしで電子レンジで30秒ほど加熱してよくまぜ、Aのボウルに加えてまぜる。とき卵、ざらめ糖の順に加え、そのつどゴムべらで粉っぽさがなくなるまでまぜ合わせる。手でひとまとめにし、ラップをかけて20分ほど休ませる。

2 成形する
ざっと丸め直し、10等分してそれぞれ丸め、直径5cm、1cm厚さくらいの平たい円形にする。

3 焼く
熱したフライパン（フッ素樹脂加工）に2の半量を並べ、ふきんで包んだふたをして弱火にし、焼き色がつくまで焼く。上下を返してじっくり焼いて中まで火を通す。残りも同様に焼く。

水滴が落ちないようにふたをふきんで包み、低温でじっくり焼く

99

パン

アメリカの ビアリー

調理時間 **30分**

■ 材料（2個分）

- A ┌ 強力粉……………………130g
  └ フライドオニオン……… 大さじ1
- B ┌ ドライイースト………… 小さじ½
  └ 砂糖……………………… 小さじ2
- 塩……………………………… 小さじ¼
- ぬるま湯……………………… 80ml
- オリーブ油…………………… 小さじ1
- 玉ねぎ………………………… 10g
- シュレッドチーズ…………… 5g

■ 準備

- 玉ねぎは薄切りにする。
- オーブントースターのトレーにアルミホイルを敷く。

■ 作り方

1 生地を作る
Aはボウルに山になるように入れて**中央を深くくぼませ、B**を加える。塩は粉の縁の部分にのせ、くぼみにぬるま湯を注ぐ。手で粉を**徐々にくずしながら**ざっとまぜたら、**なめらかになるまで**5分ほどこねる。

2 成形する
2等分して丸め、ラップで包んで5分ほど休ませる。**表面がなめらかになったら**、軽くつぶしてガスを抜き、1cm厚さくらいの平たい円形にまとめ、**中央をくぼませる。**

3 具をのせて焼く
オリーブ油を塗り、玉ねぎ、チーズを等分にのせる。準備したトレーにのせ、3分ほど予熱したオーブントースターで**15分ほど焼く。**

ゆでずに作るベーグル！生地に**フライドオニオン**をねり込んで甘さと香ばしさをプラス。休日のブランチにおすすめです

玉ねぎにこんがりと焼き色がつけばOK。途中、焦げそうなときはアルミホイルをかぶせる

Pickup! おうちで世界のお菓子&パン

トルコの
ピタパン

調理時間 **50分**

■材料（直径約13cm・4個分）

- A
  - 強力粉……………130g
  - 薄力粉……………120g
  - ドライイースト……小さじ1
  - 砂糖………………大さじ1
- ぬるま湯（約30度）……3/4カップ
- 塩、オリーブ油………各小さじ1

> 地中海沿岸、中東、北アフリカなどで古くから食べられているパン。中に具を詰めたり、「フムス」（p.73）をつけて食べることも。

■作り方

1 生地を作る
Aはボウルに入れて手でまぜ合わせ、**中央を深くくぼませる**。ぬるま湯を注いでざっとまぜ、塩、オリーブ油を加えて**10分ほど**こねる。丸めてボウルに入れ、ラップをかける。

→ 手にくっつかなくなって、なめらかになればOK

2 発酵させて成形する
フライパンに湯を張り、1のボウルの底をつけ、**2倍にふくらむまで**発酵させる。打ち粉（分量外）をした台に生地をのせ、軽く押さえて**ガスを抜き**、4等分して丸める。それぞれめん棒で5〜7mm厚さに丸くのばす。

3 焼く
オーブントースターにトレーをセットして**3分ほど予熱し**、生地をのせてぷっくりとふくらむまで5分ほど焼く。

→ 高温で上下から熱を加えないと空洞ができないので、トレーごと予熱しておく

101

Pick-up!

スペインの素朴なパンです。オリーブ油の香りがしてワインのお供にぴったり！

スペインの コカ

調理時間 **20分**
（ねかせる時間を除く）

■ 材料（直径8cm・3個分）

A	薄力粉	120g
	塩	小さじ1/8
	オリーブ油	大さじ3
	水	大さじ3
B	玉ねぎ	1/8個
	パプリカ（赤）	1/4個
	ピーマン	1/2個
サラミの薄切り		3枚
オリーブ油		小さじ1

■ 作り方

1 Aはボウルに入れて手でまぜながらこね、なめらかになったら丸めてラップで包み、20分ねかせる。Bはそれぞれ薄切りにする。

2 生地を3等分して丸め、8mm厚さくらいの円形にのばし、アルミホイルを敷いたオーブントースターのトレーにのせる。

3 予熱したトースターで10分焼き、とり出してB、サラミを等分にのせる。オリーブ油を回しかけ、さらに5分ほど焼く。

ブラジルの ポンデケージョ

調理時間 **25分**

■ 材料（直径3cm・14個分）

かたくり粉	1カップ
ベーキングパウダー	小さじ1/2
A　牛乳	1/4カップ
バター	大さじ2
水	大さじ3
B　卵	1個
粉チーズ	1/2カップ
水	小さじ1

■ 作り方

1 ボウルにかたくり粉、ベーキングパウダーを入れてまぜる。

2 Aは耐熱容器に入れ、電子レンジで2分30秒加熱し、すぐに1に加えて手早くまぜる（冷めてからではまとまらないことがあるので注意）。Bを加えてよくねりまぜ、14等分して直径2cmくらいのボール状に丸める。

3 オーブントースターのトレーにアルミホイルを敷き、2を並べる。3分ほど予熱したトースターで15分焼く。

モッチモチ食感が大人気のチーズパン。本来はタピオカ粉を使いますが、かたくり粉で作っても大満足の食感です

102

Pickup! おうちで世界のお菓子&パン

イタリアの
グリッシーニ 🇮🇹

⏰ 調理時間 **50分**

北イタリアの名物パン！これに生ハムをくるくる巻きつけるだけで見ばえのする**アンティパストに**

■ 材料（30本分）

A
- 薄力粉 …………………… 80g
- ドライイースト ……… 小さじ½
- 砂糖 …………………… 小さじ½
- 塩 ……………………… 小さじ¼

B
- オリーブ油 …………… 大さじ1
- 炭酸水 ………………… 大さじ3

■ 準備
・オーブントースターのトレーにクッキングシートを敷いて薄力粉（分量外）を薄く振る。

■ 作り方

1 生地を作る
Aはボウルに入れて手でまぜ合わせ、**中央を深くくぼませる**。Bを注ぎ、内側から手で粉を**徐々にくずしながら**ざっとまぜたら、なめらかになるまでこねる。

2 生地を発酵させて切る
オリーブ油適量（分量外）を手に塗って1の生地を丸め、ボウルに入れてラップをかけ、**1.5倍にふくらむまで**発酵させる。生地を台にのせ、軽く押さえて**ガスを抜き**、めん棒で5㎝幅、30㎝長さにのばし、**横に1㎝幅に切る**。

3 成形して焼く
生地の両端を持って**20㎝長さの棒状**にのばしながら、準備したトレーに並べ入れ、予熱したオーブントースターで10分焼く。

生地を横向きにおいて、端から1㎝幅の短冊状に切る

ゆっくり静かに引っぱって！多少デコボコしてもOK

103

Column

料理をおいしくする"なるほど"がいっぱい！

ヤミーさんの スキルアップ

ヤミーさんの料理教室でも大好評の"料理を簡単に＆おいしくするワザ"を大公開。
下ごしらえのコツ、調理法、スパイス使いなど、この本の中で紹介したものを中心にまとめてみました。

下ごしらえ編

ひき肉はゴムべらでこねる。手でこねるのは最後だけ

ひき肉は、使う直前まで冷蔵室で冷やしておくのが正解です。はじめから手でこねると、手から伝わる熱で脂がとけ出してしまうので、ゴムべらなどでこねてから、最後に手でこねればOK。

厚切りの豚肉はたたくとおいしくなる

包丁の背などで肉全体をたたいて表面をならしておくと、ムラなくきれいな焼き色がつき、やわらかく仕上がります。筋切りするときは、赤身と脂身の間にある筋をしっかり突き刺すようにして切ってください。包丁の先で突っつくだけではダメ。

▲ 豚肉のソテー
パプリカソース（p.47）

香味野菜は"切る"より"つぶす"

にんにくなどの香味野菜はポリ袋に入れ、めん棒で水分が少しにじんでくるまでたたくことで、すりおろしやみじん切りにするよりも香りがマイルドになって、本来の甘みも出てきます。少量なら、破れないように2重にしたラップではさんでたたいてもOK。

包丁やまないたの
洗い物も減る

Column スキルアップ Lesson

Lesson

料理教室では、料理のコツや豆知識などをできるだけお伝えするようにしています。ぜひ参考にしてください！

鶏肉は下味をつけてから調理

基本は、鶏肉1枚（250〜300g）に対して**小さじ¼の塩**をもみ込み**15分以上おきます**。こうすると中まで味が入り、うまみがアップ！チキンティッカ（p.80）のように複数の食材で下味をつけるときも、**しっかり時間をおく**とよりおいしくなります。

骨つき肉は切り込み1本で、できばえが変わる

手羽先や手羽元は、**骨に沿って切り込みを1本入れておく**だけで火の通りがよくなります。皮を下にしておき、包丁を立てて、**皮まで切らないように切る**のがコツ。加熱後も身ばなれがよくて食べやすいから一石二鳥。

▶バッファロー風スパイシーチキン（p.28）

じゃがいもや豆は"ざる"を使って皮むきを省略

「フムス」（p.73）で使うひよこ豆も、薄皮を除いて口当たりよく仕上がる

ゆでたじゃがいもや豆をざるにのせ、ゴムべらや木べらで皮ごとつぶしながら裏ごしすると、皮だけがざるに残るので、皮むきの手間が省けます。

調理編

肉の厚みが足りないときは、2〜3枚重ねて同様に焼いて

豚肉のソテーは脂身から焼くとジューシー

厚みのあるロース肉を焼くときは、トングなどで豚肉をつかんで脂身の部分から焼き始めます。しっかり焼き色がついたら、盛りつけるときに上になる面を下に倒して焼きます。脂身がじゅうぶんに焼けると甘みが感じられておいしいソテーに。

黄身のゆでかげんの目安は、9分でとろり、10分でしっとり、11分でしっかり

卵をじょうずにゆでるコツは沸騰した湯と1％の塩

玉じゃくしに卵を1個ずつのせて沸騰した湯に静かに入れてゆで、水にとって急激に冷やすと殻がきれいにむけます。湯の量は卵がギリギリかぶるくらいでOK。また、経験上、塩を湯の量の1％ほど加えると、黄身がまん中にくる成功率がアップするのでおすすめです。

野菜は0.5％の塩を加えてゆでる

アスパラガスやブロッコリー、ほうれんそうなどの野菜は、湯の量の0.5％の塩を加えてゆでると、薄く下味がついて味が引き締まります。ゆで上がったらざるに上げて冷まし、野菜本来の風味を生かします。

肉は冷たい油をからめると皮がくっつきにくい

肉をきれいに焼くコツは、油がポイント。なべに入れた油が冷たいうちに鶏肉を入れて全体に油をからめておくと、皮がなべにくっつくことなく、また焼きムラも防げます。

レンチンは野菜を下に、肉を上にのせる

野菜と肉を合わせて電子レンジ加熱するときは、水分の多い野菜を下にして、肉を上に重ねて入れます。野菜から出る水分の蒸気で肉がしっとり仕上がります。

Column スキルアップ Lesson

スパイス編

ホールスパイスは じっくりいためると香りアップ

シナモンスティックやクミンシードなど、ホールスパイスはじっくりいためて香りを出すのがコツです。シュワシュワと気泡が出てきて、しばらくすると香りが立ってパチパチとはじけてきます。ここまでいためたらOK。油はねが激しいときはふたをして。

外国の調味料は代用品で「それっぽい！」を発見

本場で使っているスパイスや調味料が手に入らないときは、アイディアしだい！
意外と日本の食材で近い味になるものがあることも。

たとえば…

トルコの**タヒニ**がないとき

ねり白ごまで代用

◀ p.73 フムス

インドの**タマリンド**がないとき
↓
梅干しで代用

◀ p.85 とうがんのサンバル

手作り調味料もおすすめ！

インドの
「オリジナルカレー粉」
(p.82)

ベトナムの
「万能だれ・ヌクチャム」
(p.92)

韓国の
「まぜるだけコチュジャン」
(p.95)

スパイスや調味料を自分好みに調合して、「オリジナルブレンド」を作るのも楽しいですよ

107

Column

「おうちで世界一周レシピ」で大活躍！
世界の食材&スパイス Catalog

ヤミーさんがこの本で使用した、世界の食材やスパイス類をご紹介。スーパー、KALDI、成城石井、コストコなどの輸入食材を多く扱うお店で買うことができます。

●食材●

クスクス
➡ p.52

デュラム小麦のセモリナを原料として粒状に成形したもの。地中海沿岸のアフリカ諸国やヨーロッパ、中東など広い地域で食べられている。肉や野菜の煮込みと合わせたり、サラダにも利用されたりする。

冷凍フラワートルティーヤ
➡ p.14

小麦粉で作ったトルティーヤ。メキシコや中央アメリカの伝統的な薄焼きパン。タコスやブリトーはもちろん、ソフトタイプなので、インドのチャパティがわりとしても便利。

ブルグル
➡ p.72

デュラム小麦100％をひき割りにしたもので、栄養価が高い。湯通ししてから乾燥しているので、熱湯で蒸すだけで食べられる。トルコ、インドではピラフやサラダなど日常的に食べられている。

ひよこ豆（水煮）
➡ p.73、p.82

ガルバンゾ、チャナ豆の名でも知られるひよこ豆の水煮。インドのカレー"チャナマサラ"や、トルコの豆のペースト"フムス"には欠かせない。味はクセがなく、ホクホクとした食感が特徴。

赤いんげん豆（水煮）
➡ p.18

一般に、メキシコのチリビーンズやチリコンカンに使われる。ブラジル料理の"フェジョアーダ"では、手に入りにくいブラックビーンズ缶（黒いんげん豆）のかわりにも活躍。

レンズ豆缶（水煮）
➡ p.85

カレーやスープ、煮込みなど、インド料理やフランス料理でよく使われる。肉やソーセージと相性がよく、つけ合わせとしても重宝。凸レンズの形に似ていることからこの名がついたとか。

アンチョビー
➡ p.68、p.69

かたくちいわしを塩につけ込んで熟成し、オリーブ油などにひたしたもの。パスタやピザ、サラダなどに使われる。フィレ状やロール状、ペーストもある。塩けが強いものもあるので使う前に味見をして。

オイルサーディン
➡ p.58、p.68

真いわしの頭、内臓などを除いて塩水につけ、オリーブ油で煮込んだもの。非加熱で長期保存するアンチョビーと違い、塩けは強くない。調理に使うほか、そのままおつまみにも。

108

Column 世界の食材&スパイスCatalog

foodstuff

トマト缶
→ p.12、p.14、p.42、p.62、p.65、p.70、p.76、p.82

加熱することでうま味が引き出される品種のトマトを水煮などにして缶詰に。ダイスカットされたものが便利。イタリア料理はもちろん、ロシアやスペインの煮込み料理など幅広く使われる。

フライドオニオン
→ p.16、p.54、p.57、p.62

玉ねぎをスライスし、植物油でサクサクに揚げたもの。玉ねぎの自然な甘みが凝縮されているので、カレーやひき肉料理などに加えると味に深みが出る。サラダのトッピングにもおすすめ。

ビーツ（酢漬け）
→ p.12

別名テーブルビート。やわらかく加熱し、酢漬けにしてびん詰めに。鮮やかな赤紫色とほのかな甘みが特徴。食べやすくスライスされているので、ボルシチをはじめ、スープやサラダなどに使いやすい。

ハラペーニョ（酢漬け）
→ p.34

メキシコ料理に欠かせない、辛みの強いハラペーニョ（青とうがらし）の酢漬け。サルサ・メヒカーナやタコスの薬味としてはもちろん、ホットドッグやサンドイッチのアクセントにも便利。

パルミジャーノ・レッジャーノ
→ p.64、p.67

イタリアを代表するハードチーズ。生産地を限定し、伝統の製法で最低でも1年以上の熟成期間をへたものだけがこの名を名のれる。独特の香りとうまみが特徴。すりおろしたり、削ったりして利用。

パルメザンチーズ（粉チーズ）
→ p.62

硬質のチーズを粉状に削ったもの。「パルメザン」は、パルミジャーノ・レッジャーノ風という意味で、使われるチーズの種類はメーカーによっていろいろ。パスタやリゾット、サラダなどに使われる。

サワークリーム
→ p.12

生クリームを乳酸発酵させたもので、さわやかな酸味と濃厚なコクが特徴。ロシア料理のボルシチやビーフストロガノフに添えたり、フレンチフライやクラッカーのディップにしたり、幅広く使える。

コルニッション
→ p.69、p.77

極小のきゅうりのサワータイプのピクルス。ハーブや香辛料をバランスよく加えたビネガーにつけ込んだもので、みずみずしい食感が特徴。肉料理のつけ合わせや、ピンチョスなどに活躍する。

黒オリーブ（種なし）
→ p.30、p.38

黒オリーブの実を塩漬けにしたもの。スライスしたり、刻んだりするのがラクな種抜きタイプが便利。パスタやピザに使うほか、そのまま食べられるのでサラダの飾りやおつまみにも重宝する。

アーティチョーク（水煮）
→ p.69

日本ではあまりなじみはないが、欧米では定番野菜のアーティチョーク。その芯のやわらかい部分だけを水煮にして缶詰に。そのまま前菜やサラダなどに使える。風味はクセがなく、食感はやわらかい。

109

●スパイス●

クミン
➡ p.40、p.82

セリ科の植物の種子。強い香りとほろ苦さが特徴で、カレーの香りづけに欠かせない。モロッコ、インド、東南アジアなどの料理に多用される。

パウダータイプ / ホールタイプのクミンシード

ターメリック（パウダー）
➡ p.82、p.92

ショウガ科の植物の根。和名はウコン。独特の香りとほろ苦さが特徴で、黄色の色づけとしてカレー粉に用いられる。

パプリカ（パウダー）
➡ p.30、p.47、p.73、p.80、p82

赤パプリカを粉末にしたもの。ほのかな甘みと苦みがあり、辛くはない。料理の色、風味づけ、トッピングなどに使われる。

ローズマリー（ホール）
➡ p.44

松葉のような葉の形で、スッキリとした強い香り。肉料理のくさみ消しに使われるが、じゃがいもなど野菜とも相性がよい。

ナツメグ（パウダー）
➡ p.56

ニクズク科の種子。エキゾチックな甘い香りとまろやかな苦みがあり、ひき肉料理には定番のスパイス。

タイム（ホール）
➡ p.44、p.50

さわやかな香りで、魚介やラム肉などのくさみ消しに便利。フランス料理、スペイン料理、モロッコ料理でよく使われる。

五香粉（ウーシャンフェン）
➡ p.16、p.78

八角、花椒、シナモン、チンピ、クローブの5種類の香辛料をブレンド。中国料理、台湾料理の香りづけに使われる。

オレガノ（ホール）
➡ p.36、p.65、p.66

シソ科の植物の中では特に香りが強く、ややほろ苦さのあるさわやかな香り。トマトやチーズと相性がよい。

シナモンスティック
➡ p.82

和名は肉桂。インド料理、中国料理によく使われる。また、チャイやホットワインの香りづけにも。

ブラウンマスタードシード（ホール）
➡ p.84、p.85

からし菜の種子。油でいためると香ばしい香りが立ち、インド料理の香りや辛みづけによく使われる。辛みはマイルド。

Column 世界の食材&スパイスCatalog

ハーブはベランダで育てたりもしています。同じ食材でも、スパイスの組み合わせしだいで別の国の味になりますよ！

韓国産赤とうがらし
➡ p.94、p.95

多くの韓国料理の辛みづけに使われる。あらびきと細びきがある。辛みがマイルドなので、日本の一味とうがらしで代用する場合は分量を控えめに。

ココナッツミルクパウダー
➡ p.92

ベトナム料理やタイ料理によく使われる。適量の湯でとくと、ココナッツミルクとしても使えて便利。

ココナッツファイン
➡ p.84

ココナッツの果肉をカットして乾燥させたもの。インドの蒸しいため・トーレンでは、その香りと甘みが味の決め手に。

コレを使えばもっと本場の味に！

スーパーなどでは手に入りにくいですが、ネット通販で購入できます。

ペルー「ロモ・サルタード」(p.36)の辛みに
アヒ・アマリージョ

ペルー特産の黄色いとうがらしのペースト。辛みは強めですが、香りがフルーティーでうまみがあります。「パパ・ア・ラ・ワンカイーナ」や「セビーチェ・デ・カラマール」(p.38〜39)では、ゆずこしょうで代用。

トルコ「フムス」(p.73)のコク出しに
タヒニ

トルコやギリシャでよく使われるごまのペースト。日本のねりごまと違い、生のごまを使っているので、香ばしさはありませんが味は濃厚。今回「フムス」では日本のねり白ごまを使用。

インド「とうがんのサンバル」(p.85)の酸味づけに
タマリンド

インド料理やタイ料理に使われる、強い酸味とほのかな甘みが特徴の果実のペースト。今回は梅干しの酸味で代用しましたが、甘みをプラスしたいときははちみつを加えるのがおすすめ。

インド「ミックス野菜のトーレン」(p.84)の香りづけに
カレーリーフ

本格南インド料理には欠かせない、柑橘系の香りが特徴のスパイス。日本ではあまり売られていないので今回は使いませんでしたが、入手するなら、フレッシュ、ドライともにネット通販で。

著者
ヤミー

本名・清水美紀。美大卒業後、テキスタイルデザインの仕事を経て、輸入食材店に勤務。世界中の本格料理を3ステップの簡単レシピで紹介するレシピブログが大人気となり、ブログをまとめた書籍『ヤミーさんの3 STEP COOKING』（主婦の友社）は12万部を超えるベストセラーとなる。料理研究家として雑誌、テレビ、料理教室、企業とのレシピ開発など幅広く活躍中。『ぐるまぜパン』『ワンボウルクッキング』（ともに主婦の友社）、『ヤミーのがんばらない毎日ごはん』（宝島社）、『4コマレシピ』（主婦と生活社）ほか著書多数。

- ブログ：大変!!この料理簡単すぎかも…☆★3 STEP COOKING★☆
  https://ameblo.jp/3stepcooking/
- 料理教室：Yummy's Cooking Studio
  https://www.manabi-abc.com/p/15/

STAFF

撮影	千葉 充
スタイリング	坂上嘉代
料理アシスタント	柴田奈津実
マネジメント	葛城嘉紀、中村祐菜（レシピサイトNadia）
制作協力	(株)ランダムウォーク社
デザイン	センドウダケイコ(tabby design)
構成・文	大嶋悦子
編集担当	佐々木めぐみ（主婦の友社）

ヤミーさんの おうちで世界一周レシピ
2020年9月30日　第1刷発行

著　者　ヤミー
発行者　平野健一
発行所　株式会社主婦の友社
　　　　〒141-0021
　　　　東京都品川区上大崎3-1-1　目黒セントラルスクエア
　　　　電話03-5280-7537（編集）／03-5280-7551（販売）
印刷所　大日本印刷株式会社

©YUMMY 2020　Printed in Japan　ISBN978-4-07-443401-5

※本書は新規取材に、弊社刊行の『ヤミーさんの3 STEP COOKINGパンとお菓子ブック』(2008年)、
『新実用BOOKS ヤミーさんの3 STEP COOKING人気ベストレシピ』(2010年)のレシピを加えて編集したものです。

■本書の内容に関するお問い合わせ、また、印刷・製本など製造上の不良がございましたら、主婦の友社（電話03-5280-7537）にご連絡ください。
■主婦の友社が発行する書籍・ムックのご注文は、お近くの書店か主婦の友社コールセンター（電話0120-916-892）まで。
＊お問い合わせ受付時間　月〜金（祝日を除く）9:30〜17:30
主婦の友社ホームページ https://shufunotomo.co.jp/

Ⓡ〈日本複製権センター委託出版物〉
本書を無断で複写複製（電子化を含む）することは、著作権法上の例外を除き、禁じられています。本書をコピーされる場合は、事前に公益社団法人日本複製権センター（JRRC）の許諾を受けてください。また本書を代行業者等の第三者に依頼してスキャンやデジタル化することは、たとえ個人や家庭内での利用であっても一切認められておりません。
JRRC〈https://jrrc.or.jp　eメール：jrrc_info@jrrc.or.jp　電話：03-3401-2382〉